「目的思考」で学びが変わる

千代田区立麹町中学校長・工藤勇一の挑戦

多田慎介

ウェッジ

「目的思考」で学びが変わる

千代田区立麹町中学校長・工藤勇一の挑戦

多田慎介

ウェッジ

はじめに――あるメッセージへの謝意に代えて（多田慎介）

２０１７年12月、故郷・金沢市で暮らす姉から連絡があった。「あんたが書いた記事を読んで、友だちがメッセージをくれたよ」と言う。ウェブのニュースメディア『WEDGE Infinity』で麹町中学校の改革の様子を取材し、第一弾となる記事が掲載されてから１カ月後のことだった。


突然ごめんね！

実は息子が来年から１年生で、それで今年、ある惚れ込んだ私立の小学校を受験したんやけど、ご縁がなくてさ。

で、方向転換して公立で考えてるんやけど、ずっとモヤモヤしててさ。

そんなときに「公立にもこんな革新的な考えの先生がいらっしゃるんや！」って、目の前が明るくなる記事に出会えて！
うれしくなってメッセージしたのよ。

こうした前向きな感想をいただけることは、書き手として素直にうれしいものだ。「公立中学が挑む教育改革」と題してシリーズ化された記事も、幸いなことにネット上で数多く拡散され、たくさんの感想や意見を頂戴している。その中でも、このメッセージは私自身にとって大きな意味を持つこととなった。実のところ、それまではこうした反応があることを想定していなかったからだ。

工藤勇一校長は、従来の公立校では考えられないような改革を次々と実行している。「社会で生きる力」を育てる手法にはビジネスの場面に通じるものも多い。そのため、教育業界に携わる方々はもちろん、広くビジネスパーソン全般からも、衝撃と感嘆を伴って受け止められるのではないかと考えていた。

一方、現実に今の日本の教育体制の中で我が子の成長を見つめる保護者の立場では、麹町中学校で進められている改革の受け取り方に温度差があるのでは……という懸念があったのも事実だ。少し先を見据えれば受験という関門がある。新しい学習指導要領のもとで授業のありようも大きく変わる。大人の社会が目まぐるしく変わり続けているのと同様に、子どもたちを取り巻く環境にも、簡単には先を見通せない現状がある。

だからこそ、一人の保護者が希望を込めて届けてくれたメッセージに心を動かされた。

そもそも私は教育の専門家ではないし、ライターとしては大人の働き方やキャリア形成に関連する仕事が多く、教育分野の取材経験はほとんどなかった。文中にも登場する編集者の「Iさん」こと飯尾佳央さんから最初に打診があったときには、「はたして自分が記事を書いてよいのだろうか」とさえ思ったものだ。

それでも一連の取材にのめり込んでいくことができたのには、いくつかの理由がある。工藤校長の考え方や取り組み、発信する言葉の数々が、あまりにも魅力的だったこと。麹町中学校で目の当たりにした改革の成果が、大人たちの社会の課題解決につながっていると信じられるようになったこと。そして私自身、子を育てる一人の父親として、この改革の波を全国へ広げていく一翼を担いたいと思ったこと――。本書を読み進めることで、私が見てきた現場を追体験していただけるのではないかと思う。

麹町中学校で現実に進む改革を全国に広げること。これは今、私や飯尾さん、そして本書を世に送り出すために尽力していただいた方々の間で共有する「目的」となっている。この目的に沿って、工藤校長や麹町中学校の生徒のみなさん、保護者・教職員・教育委員会の方々、映画『みんなの学校』で知られる木村泰子先生、サイボウズ株式会社の青野慶久社長など、多くの方にご協力をいただいて取材を重ね、現時点でのレポートとして完成させたのが本書だ。

この改革の波をさらに広げていくために、教育に携わる方々はもちろんのこと、ありとあらゆる業界のビジネスパーソンに、子どもたちの未来を考えるすべての人々に本書を手に取ってもらいたいと考えている。そこから生まれる新たな感想や思いが、身近な教育の現場を、そして日本社会を変えていくと信じて。

結びに、常に純粋な目的思考を共有し、ともに取材を進めてくださる編集者の飯尾さんへ、あらためて感謝申し上げます。

そして、常に生徒ファーストを貫き、ご多忙な日々の中、真正面から取材に応え続けてくださる工藤校長。いつも本当にありがとうございます。

目次

第４章　保護者も、学校を変えられる

カバー写真　稲田礼子
取材協力　千代田区立麹町中学校、新宿区教育委員会
＊文中の肩書は、２０１９年２月現在のものです

第1章
世の中まんざらでもない。結構大人って素敵だ！

「話を聞きなさい」なんて指導は、本当は間違っている

「みんな元気？　夏休みは充実していたかな？　元気な人はまあいいや。今日は、元気じゃない人だけに話をしよう」

２０１７年９月。全校生徒を前にして演台に立った工藤勇一校長は、手元に置いたパソコンを操作し、プレゼンテーション用のリモコンマウスを持って話し始めた。夏休み明け初日に行われる第２学期の始業式。どんな学校にもある「校長先生のお話」というプログラム。しかし麹町中学校のそれはおそらく、多くの大人たちが思い返す光景とは異なるだろう。演台のスクリーンには、校長自身がこの日のために作成した

パワーポイントのスライド資料が映し出される。リモコンでスライドを1枚めくると、大きな砂時計の絵が現れた。

「夏休みが終わってしまい、『やることがたくさんあって嫌だな』と思っている人が多いかもしれない。砂時計に例えるなら、上の部分にまだまだたくさん砂が残っている状態だね。

ここで、砂時計の真ん中あたりを拡大して見てみよう。砂がたくさんあっても残り少なくなっても、下に落ちるスピードは変わらない。人間も同じで、やることがたくさんあってもほとんど片付いていても、進むスピードは同じなんだよね。

やらなきゃいけないことがたくさんあるときは憂うつになって、物事が進むスピードが遅いと感じてしまうこともある。人間は思い込んでしまう生き物なんだな。大人たちのビジネスの世界では、そんな状況に陥らないための『マインドセット』が大切だと言われているよ。

やることがたくさんあるときも、今この瞬間、目の前のことに全力で取り組めていれば、良い生き方をしていると言えるんじゃないかな。みんなもぜひ、そんなマインドセットをしてほしい。それでも元気になれない人は話を聞くから、校長室においで」

中学校の始業式という場なのに、そこにいる工藤校長はだんだんと「校長先生」に見えなくなってくる。その印象はどちらかというと、新入社員に向けて自身の思いや理念を語る経営者に近い気がするのだ。あるいは一世一代の重要なカンファレンスに臨み、自社のサービスについて熱く語る若手起業家のような……。事実、工藤校長は「生徒たちへ語りかけるときは、いつもプレゼンだと思っている」と話す。

「中学校は社会で活躍する人材を育てるための場所です。生徒たちが大人になり、人前で話すときに、聞いてくれない相手を叱る人はいません。だから教員が『校長先生の話をちゃんと聞きなさい』と指導する姿なんて見せてはいけない。話を聞いてもらえないのは校長の責任ですよ。言葉は相手に伝わることが大事であって、分かりやすく伝えなければ意味がないと考えています。生徒たちが『聞きたい』と思うような

工藤勇一校長の始業式のあいさつ風景。

話をする。ビジネスの場では当たり前のことですよね」
工藤校長が作るスライドには文字がほとんどない。写真や画像を多用して、語りかける言葉を補足していく。だから離れた場所からでも見やすいし、メッセージも素直に頭に入ってくる。こうしたビジュアル重視のプレゼンスタイルは、かつて参加したカンファレンスに登壇していた米国マイクロソフト社の役員の手法を参考にしたという。今ではこのやり方が工藤校長の定番となった。入学式や卒業式といった最重要行事の式辞にも、毎回趣向を凝らしたスライドを準備している。「校長先生のプレゼン」は、今や麹町中学校の生徒や保護者にとっては当たり前の光景になっているのだ。そして、それを初めて目撃した外部の人間は、「この校長先生は一体何者なのだろう?」と興味をそそられていく。

かつては越境入学が急増した公立名門校

千代田区立麹町中学校の校舎は、皇居・半蔵門から南西へ約400メートルに位置する。近隣には最高裁判所や国会議事堂、総理大臣官邸など国家の中枢機関が集中し、ヤフー株式会社が入居する東京ガーデンテラス紀尾井町をはじめ、大規模なオフィスビルも多い。地理的にも環境的にも「日本の中心部に最も近い公立中学校」と言えるだろう。

全国有数の進学校として知られる東京都立日比谷高校にも近い。東京に生まれ育った人なら、「番町・麹町・日比谷・東大」というフレーズを聞いたことがあるかもしれない。同じく千代田区立である番町小学校から麹町中学校へ進み、日比谷高校を経由して東京大学へと至る「国公立エリートコース」を指す言葉だ。

2017年に創立70年を迎えた麹町中学校が公立名門校と認識されるようになって久しい。1950年代以降はありとあらゆる方法で越境入学を試みる保護者が急増し、最盛期には1700人を超える生徒数を誇ったという。千代田区の規定が厳しくなった現在では区域外入学はできなくなった。少子化の流れもあり、2018年5月1日時点では各学年4学級に特別支援学級を加えた13クラス、全校生徒392人という編成だ。

麹町中学校は2012年に新校舎に建て替えられており、設備が充実している。

そんな同校は近年になって再び注目を集め、産学官を問わず幅広い領域の関係者が足を運ぶようになった。ある日の午前中はスーツに身を固めた霞が関の官僚たちが訪れ、午後にはジーンズにTシャツというラフな出で立ちのITベンチャー関係者が校門をくぐり、夕方になると私たちのようなメディア関係者がカメラを携えて現れるといった具合に。

数多くの人が衝撃を受けたプレゼン

東京メトロ南北線・永田町駅の9b出入口から地上に出ると、麹町中学校までは徒歩1分足らず。私が初めてこの場所を訪れたのは2017年の6月だった。

ともに取材に臨む編集者のIさんとは、正門前で待ち合わせをした。5年前に建て替えられたばかりだという新校舎は、周囲をビルに囲まれた都心の風景にもよくなじむ。グラウンドを走る部活動中の生徒たちを見て、「ここは中学校なのだ」と改めて思う。

「校長先生にインタビューするなんて、何だか緊張しますね」

思わずそんな言葉が出た。冗談半分ではあるものの、得も言われぬ緊張感を抱えていたのは本当だった。経営者への取材時には感じない「不安」があるのだ。この場所へ到着するまでの間にもそのことを考えていた。

自分自身の中学生時代を振り返ってみれば、校長先生という人は実に遠い存在だった。もちろん在学中は名前や顔をちゃんと知っていたし、校内ですれ違えば生徒の一人としてあいさつをする機会もあった。しかし、直接言葉を交わした記憶はほとんどない。特段の「悪さ」をした友人が校長室へ呼び出され、面と向かって話をしたというエピソードは聞いたことがあったが、幸いにして私自身はそうした縁がなかった。私が特殊な中学生時代を過ごしていたというわけでもないと思う。この本を手に取っている読者の中に、中学生時代の校長先生の名前がすらすら出てくるという人はどれくらいいるのだろう。

私が通っていた中学校もそうだったが、少子化が進む現在の麹町中学校にも、数百人規模の生徒がいる。対して校長は学校に一人だけ。生徒たちと密度の濃い会話をしたり、記憶に残る時間を共有したりするのには限界があって当然だ。だから、一人ひとりの生徒にとっての校長は、ある種の象徴的存在になってしまう。学校教育の現場に携わっている場合は別として、大人でも中学校校長の実際の仕事内容を理解している人は少ないだろう。「担任の先生」ならまだ少しは想像できるかもしれない。私の場合、あの頃に象徴的存在だった校長先生は、今でも象徴的存在のままだった。

事前に取材の下調べをしても、想像が及ばない範囲にはやはり不安が付きまとう。自分にとって遠い遠い校長という存在に、はたしてどこまで迫れるのだろう。

「とても気さくな方なので心配いりませんよ。それに、何と言うか、『いわゆる校長先生』という感じがしないんですよね。会ってみれば分かると思います」

私の不安など気にも留めない様子のIさんがそう答える。何ともともとらえどころのないアドバイスではあるが、彼は連載企画の下準備のためにすでに何度かこの学校を訪れ、工藤校長とも会っていた。だから実感がこもっている。「そんなものだろうか」

と思いながらインターフォンを鳴らすIさんを横目で見る。

「出版社ウェッジと申します。工藤校長にアポイントをいただいております」

オートロックの門扉が開いた。初回のインタビューを終えて数時間後にこの扉から出たときには、Iさんの言葉の意味をよく理解している自分がいたのだった。

来客用玄関から校舎へ入り、すぐ右手に校長室がある。入室すると同時に驚かされたのは、その広さだ。1教室に匹敵するほどのスペースに、大きな会議用テーブルやソファが置かれている。隣には職員室があり、それぞれ室内から行き来できるように作られている。

戦後間もない頃に創立され、公立名門校としてのブランドを築き上げてきた麹町中学校。ここは、その歴史を最も感じられる場所なのかもしれない。

「工藤です。今日はわざわざお越しくださり、ありがとうございます。よろしくお願いします」

15代目の校長であるその人は、柔らかな物腰で名刺を差し出した。余計な肉のついていない引き締まった体にフィットしたスーツ。自然に整えられた短髪には程よく白髪が入り混じる。57歳（当時）という実年齢よりは随分と若く見える気がした。

「せっかくの機会なので、インタビューの前にぜひ私のプレゼンを聞いていただけませんか？」

工藤校長はそう言うと、私たちを別室へ案内してくれた。

校長室を出て校舎内の階段を昇り、スクリーンを備えた会議室へ向かう。そこには、工藤校長がこの麹町中学校へ赴任する前、新宿区教育委員会に在籍していた頃に知見を蓄積した「ＩＣＴ（情報通信技術）教育」のための設備を整えているのだそうだ。

そんな話を聞きながら歩いていると、にぎやかな笑い声を響かせながら廊下を猛然とダッシュする男子生徒の一群に出くわした。

「おーい、お客さんの前だぞ」

「あっ、こんにちは！」

バツの悪そうな顔をして、首をすくめるようにしながら、生徒たちがいそいそと歩き去っていく。どこかに発散しなければとても抱えきれそうにないエネルギーと、些細なこと（あるいは彼らにとってはとても重要なことなのかもしれないけれど）にも腹の底から笑い合える柔軟さを持った生徒たち。ここは中学校なのだ、と再び思う。

しかし、その後に展開されたプレゼンの内容は私が持つ中学校のイメージをことごとく覆すものだった。およそ公立中学校とは思えない取り組み内容と、その背景にある工藤校長の考えを示すプレゼン。数多くの官僚や企業家、メディア関係者たちが衝撃を受けたスライドの1枚目が、会議室のスクリーンに映し出された。

教育現場にはびこる「目的と手段の履き違え」

第三者から見て型破りに思えるのは、工藤校長の式辞だけではない。例えば中学生時代に誰もが苦しみながら取り組んだであろう「夏休みの宿題」。しかし2017年以降、麹町中学校では夏休みの宿題をほとんど出していない。生徒に課したのは、「どうしても外せなかった」千代田区指定の作文だけだったという。

これは長期休みに限った話ではなく、普段の学校生活でも、教員から生徒に宿題を課すことはない。同校が極力宿題を出さないようにしているのは、工藤校長の教育方針によるものだ。

「多くの教員は勉強することの意味を履き違えてしまっていると思います。だからむやみやたらに宿題を出す。本来の勉強の意味とは、生徒たちが『分かる』『分からない』を自覚し、分からないことを分かるようにすることです。一律に宿題を課せば、すでに分かる状態にある生徒に無駄な時間を強いることになります」

自分にはすでに分かっている範囲のことなのに、単なる作業として宿題に取り組み提出しなければならない――。読者の中にもそんな経験をした人は少なからずいるだろう。

「優秀な成績を収め、『やりたいこと』が明確な生徒にも一律に同じ内容の宿題を課すことが、正しい教育だと言えるでしょうか。

私が見てきた限り、宿題を課された生徒は分かる範囲には積極的に取り組みます。

しかし残り2割ほどの『分からない範囲』には手をつけない。それでも8割はできているから、教員はOKを出すんです。これで『宿題を出すというタスク』が完了したことになる。このやり方では学力は伸びません」

こうした問題について、工藤校長は「目的と手段を履き違えている」と語る。

学校は社会で活躍する人材を育てる場所である。そのことは多くの教員が認識しているはずなのに、気づけば学校にとって都合の良い生徒を作ろうとしてしまう。宿題をやらせることが目的になっているのはその典型例なのだという。

手段が目的化している例は他にもある。学習指導要領で定められた道徳や総合学習の時間を埋めるために作文や目標を頻繁に書かせたり、体験学習を行う際の事前や事後の学習でよく見られる新聞制作に協力することそのものが目的になっていたり。

「作文にちゃんと取り組まない生徒はダメ、新聞の制作に協力しない生徒はダメだと言われます。でも本来考えなければいけないのは、『その新聞、本当に誰かが読むの？』『何のために書くの？』ということ。これからの時代はむしろ『こんなの必要ないじゃん』と言える子が必要なのに、教育現場では真逆のことをしているわけです」

オープンイノベーションで教育現場を変える

工藤校長のプレゼンテーションは、さらに熱を帯びていく。

自らの意志を持って社会に出ていく人材を育てるため、麹町中学校では年間を通してさまざまなカリキュラムを用意している。その一つが、現実社会と連動しながら生きる力を育む全国規模のプログラム「クエストエデュケーション」への参加だ。

クエストエデュケーションでは、2年生が1年間の企業インターンを経験する。NTTドコモやクレディセゾンといった大手企業へ生徒たちがエントリーシートを書き、企業から出されるリアルな課題に対して自分たちでオリジナルの企画を考え、プレゼンテーションを行っている。ちなみに生徒たちがプレゼンの際に使用するパワーポイ

●クエストエデュケーション(企業探求コース)の流れ

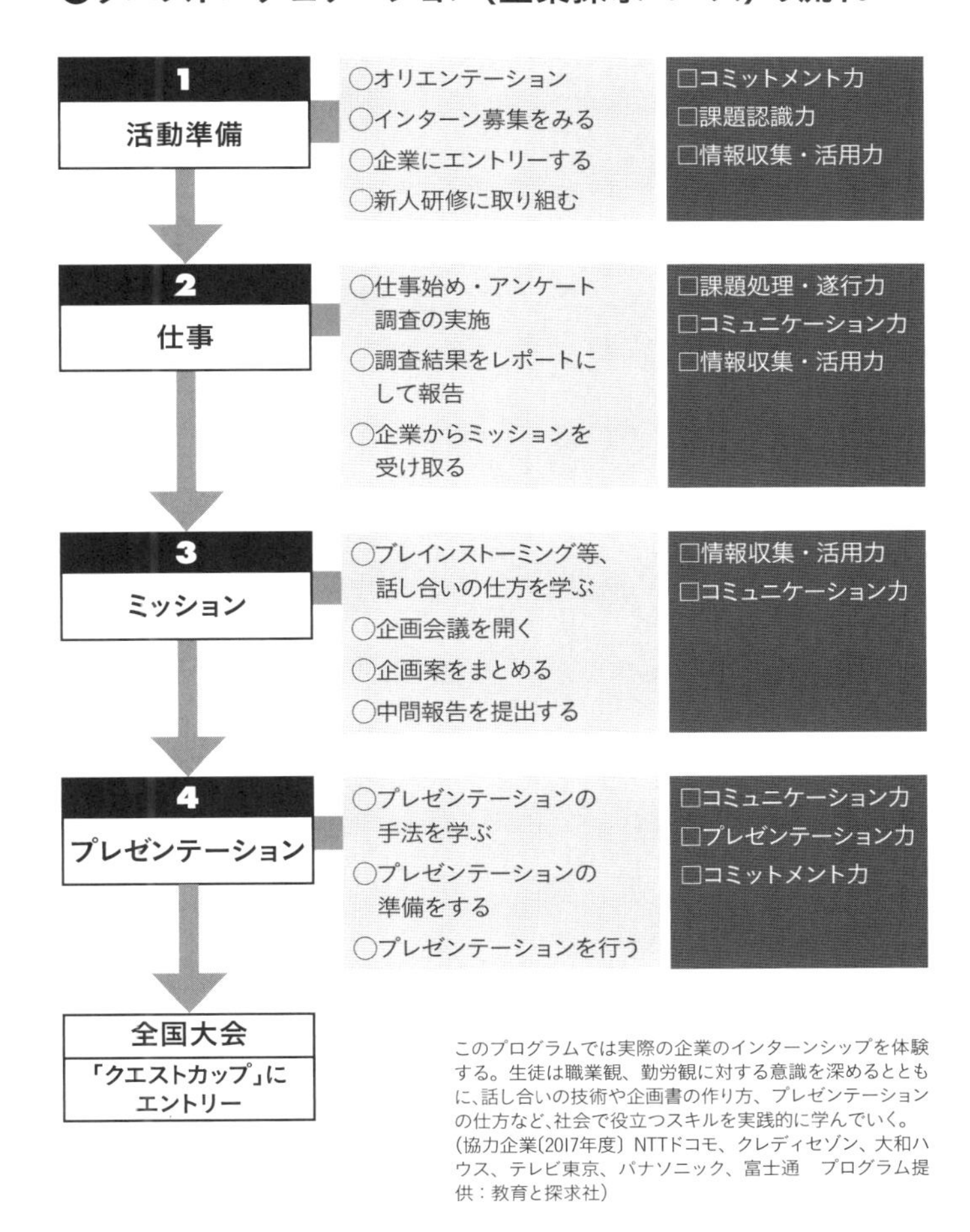

このプログラムでは実際の企業のインターンシップを体験する。生徒は職業観、勤労観に対する意識を深めるとともに、話し合いの技術や企画書の作り方、プレゼンテーションの仕方など、社会で役立つスキルを実践的に学んでいく。(協力企業〔2017年度〕NTTドコモ、クレディセゾン、大和ハウス、テレビ東京、パナソニック、富士通　プログラム提供：教育と探求社)

(麹町中パンフレット「進取の気性」から抜粋)

ントの資料は、工藤校長の影響を受けたビジュアル重視のスタイルだ。

３年生では大手旅行代理店のＪＴＢに対して、「１泊２日の京都・奈良の旅の企画」を提案する。それぞれのツアー企画を、２年生や保護者も呼んでプレゼンするのだ。修学旅行は自分たちの企画したツアープランの取材という位置づけになる。旅先では地元の方にインタビューし、写真を撮り、パンフレットを制作する。

他にも、ビジネス研修プログラムさながらの「スキルアップ宿泊」や、大学法学部で民主主義によるリアルな対立を学ぶ「模擬裁判」、フレンチの巨匠である三國清三氏や「料理の鉄人」で知られる陳建一氏、現代の名工にも選ばれた東京會舘の鈴木直登氏が教える「調理実習」、アフタースクールとして放課後に東京大学や東京理科大学の学生から学べる「麹中塾」など、独自の取り組みを進めている。

外部企業や専門家、学生などを巻き込んで教育現場を変える「オープンイノベーション」は、工藤校長の改革の真骨頂とも言える。「学習塾に通うことなく高いレベルの授業を受けられるため、保護者からも非常に喜ばれている」という。

再現性のあるスキルを身につける

学校とは一体、何なのか。

私が麹町中学校を訪れ、工藤氏や周辺関係者への取材を重ねるたびに膨れ上がっていった疑問だ。なぜそんな疑問を抱くのか。一つは、工藤校長が進める先進的な取り組みの数々に圧倒されるからだろう。そしてもう一つは、自らがかつて中学生として過ごした時期には学び得なかったことを、ここに通う生徒たちが実際に身につけようとしていることを知るからだと思う。

実例を紹介しよう。麹町中学校の1年生は、入学してすぐに「手帳・ノートガイダンス」を受ける。工藤校長はその目的を「再現性のあるスキルを身につけること」だと話す。

「効率良く学び、考えるために大切なのがフンームワーク。これを手帳とノートを使って実践します。ガイダンスではA４の方眼ノートで基本フレームの使い方を教えています」

方眼ノートは、一つの授業につき見開き1ページを使う。工藤氏の言う基本フレームとは「授業のねらい・結論」「板書」「気づき・疑問」「まとめ・行動目標」、そして「要約」の5つを指す。

「生徒には『授業での重要な部分を判断し、要約する』ことを繰り返させます。これによって毎回の授業での学びをアウトプットできるようになり、表現力向上につながっていきます。授業ごとにタイトルをつけるなど、自分が後で見返しやすいように工夫している生徒もいます」

教員の話をただ漫然と聞いて板書を書き写すのではなく、要約して自分の言葉にまとめ、アウトプットする。工藤校長はこれを「再現性のあるスキル」だと指摘する。このフレームワークは手帳の使い方においても同様だ。生徒たちは大人と同じビジネス手帳を使用し、学校生活や勉強のスケジュール管理を実践する。日・週・月ごとに振り返り、学びを整理していく。

ただし、このフレームワークはあくまでスキルの一つとして教えているだけで、生徒に強制することはない。「学習の仕方は人それぞれであるべき。それを強制してしまえば、手段を目的化していることになる」と工藤校長は強調する。生徒には「ノートを取りたくなければ取らなくてよい」とさえ伝えている。

対立は悪じゃない、無理に仲良くしなくたっていい

麹町中学校の授業や行事では、生徒が盛んに議論する姿もよく見られるという。この際に活用しているのが多様な意見を集めるための「ブレインストーミング」。そして、集まった情報を分析・整理するための「ＫＪ法」だ。いずれもビジネスの現場ではおなじみの手法。大人たちが会議の場で行うように、生徒たちも付箋に意見を書いて貼り付け、表明する。

こうした思考ツールの使い方も工藤校長が主導して教えている。生徒には日頃から「みんな違っていい」「対立が起きるのは当たり前」「無理に仲良くしようとする必要

KJ法で情報を整理。「スキルアップ宿泊」にて。

なんてない」と語りかけているという。

「従来の日本の教育現場では、互いに仲良くしようというメッセージにばかり重点を置いて、『対立するのは悪』であるかのように教えてきました。しかし生徒たちはこれから、ますますグローバル化が進み、異なる価値観を持つ人たちと働くことが当たり前の世界に送り出されていくわけです。いつまで『対立は悪』だと教え続けるのでしょうか？

　対立そのものは決して悪いことではない。考え方や価値観が人と違うのは当たり前だということを教えていかなければいけません。でも議論をすれば戸惑いを覚えたり、イライラしたりしてしまうこともある。だから『大人になるためには感情をコントロールする技を身につける必要があるんだよ』と言っています。そのためのツールとしてブレストやKJ法を教えているんです」

ブレストが習慣化すれば、消極的だった生徒からも意見が出るようになる。

「『こんな小さな意見は出さないほうがいいかも』『これは的外れだから』と思っても、積極的に発言すること。会議が終わってから後出しで批判するのは良くない」。

そんなアドバイスが飛ぶのも日常茶飯事だ。

麹町中学校の生徒たちはこうして、社会のリアルを知っていく。

上位目標の実現を妨げる手段は選ばない

「世の中はまんざらでもない。大人になるって素敵なことだ。そう思って卒業して

●麹中生が目指す8つの生徒像
国際人として考え行動できる能力を身につける

1	言語や情報を使いこなす能力	①様々な場面で言葉や技能を使いこなす ②信頼できる知識や情報を収集し、有効に活用する
2	自律的に活動できる能力	③感情をコントロールする ④見通しをもって計画的に行動する ⑤ルールを踏まえて、建設的に主張する
3	異質な集団において交流する能力	⑥他者の立場で物事を考える ⑦目標を達成するために他者と協働する ⑧意見の対立や理解の相違を解決する

（麹町中パンフレット「進取の気性」から抜粋）

もらえなければ、学校の意味はないと思っています」

学校とは一体、何なのか。改めて投げかけた問いに対して、工藤校長の答えは明確だった。

「環境問題や平和問題を積極的に授業で取り上げるのはいいのですが、世の中の負の側面を伝えるだけでは生徒たちもネガティブになっていきます。世の中に課題があるのは当たり前。それによって対立が起きるのも当たり前。大人たちはそれを乗り越えて解決しようとしているんだというポジティブな話をしていきたいんです」

工藤校長はこの考えを「麹中メソッド*」という2つの柱にまとめ上げた。社会で再現できる学び方を身につけるための「スキル」と、社会へのモチベーションを高めるためにロールモデルを見つける「スイッチ」を生徒たちに持たせてあげたいと考えている。さらに、麹中メソッドに基づいて「麹中生が目指す8つの生徒像」を掲げた。

手帳やノートの使い方、思考ツール、パワーポイントを使ったプレゼンテーション技術の習得など、工藤校長が進める教育はこの生徒像を目指して行われている。アフタースクールとして運営する「麹中塾」や英会話スクール、写真やプログラミングなどを学ぶサークル活動もその一環。集団を意識して行動する力を養うため、体育祭や文化祭における生徒の自主運営を推進し、生徒会役員が学校運営協議会に出席することで、生徒たち自らも学校改善のあり方について提案を述べるなどしている。

工藤校長が麹町中学校に赴任して、まもなく5年。「目指す生徒像」は、生徒、保護者、そして教員の間にも浸透した。

「目指す生徒像が明確になっているからこそ、『上位目標の実現を妨げる手段を選ばない』という選択ができる。目的と手段を履き違えてはいけないと訴え続け、教員にもこの考え方が定着してきたと感じられるようになりました。

目指す生徒像に向かうものであれば、教員の裁量で自由に施策を考えられるようにしています。成功している企業が理念に沿って社員に大きな裁量を与えているように、この学校でも全員が裁量を持ち、主体性を持って学校運営にあたっていくのが理想です」

＊麹中メソッド：①社会で必要とされる学び方の習得を支援する
②個性・特性を伸ばす機会を支援する

定期テストがなくなった

理念に基づいて「最上位の目標」を共有し、課題に対する打ち手や新たな施策を実行していく。何かにつまずいたり、悩んだりするようなことがあれば、関係者は必ず最上位の目標に立ち返る。自分たちはそもそも何のために、誰のために動いていたのか。こうして目的と手段を履き違えることなく組織が運営されていくからこそ、外部からは突飛なようにも思える改革が現実のものとして実行されていくのだ。

話を聞けば聞くほど、学校だとは思えなくなる。

繰り返し麹町中学校へ足を運ぶようになり、改革の現場を目撃してもなお、私はここで起きていることが半ば信じられない気持ちだった。工藤校長が指摘するように、従来の学校現場では目的を忘れ、手段にばかりこだわって教育活動が進められていたのは事実だろう。私も誰のために書いているのか分からないままたくさんの作文に取り組んできたし、人は人と仲良くしなければならないものだと思い込んで育ったし、山のような宿題を何も考えず機械的にこなしたり、あるいは時に投げ出したりして、学校生活を無難にやり過ごしてきたような気がする。その結果として、現在に至るまで「学校とはそういう場所なのだ」と思い込んでしまっていたのかもしれない。

工藤校長の任期5年目となる2018年度も、麹町中学校では従来の常識を覆す大きな改革が次々と実行されている。その一つが「定期テストの廃止」だ。

中学生時代から高校生時代にかけて、私にとって定期テストとはあらかじめ定められた苦行期間を指すような言葉だった。中間テストに期末テスト。それらはただの試験としてではなく、「テスト期間」という、すべての生徒が日頃よりも一層真剣に勉強に取り組まなければならない数日間とともに訪れた。周囲の大人たちの目を意識するとその期間に遊び呆けるのはさすがにバツが悪かった。何とかギリギリのラインで生き延びるための一夜漬けという方法を知ったのもテスト期間があったからこそだ。

その定期テストが廃止された。

とはいっても、現在麹町中学校へ通う生徒たちが楽をできるようになったわけではない。従来の中間テストと定期テストが廃止される代わりに、年3回だった「実力テスト」が5回に増えた。さらに、授業の進捗度合いに応じて教科ごとの「単元テスト」が高い頻度で課されるようになった。

工藤校長は一連の改革を「生徒が自分の頭で考え、学ぶ習慣を身につけるためのもの」と語る。新しい体制のもとで、生徒はどのように変わりつつあるのか。

その仕組みは「大人の都合」になっていないか

2017年度に麹町中学校へ赴任した理科教諭の関根奈美江氏は、定期テスト廃止の方針を聞かされた当初は他の教諭とともに驚いた。しかし同時に「ありかな」とも思ったという。

「現状のテストは、教員が生徒を評価しやすくするための仕組みになっていないか？」

工藤校長がそんな問題提起をするのを以前から聞き、同じような疑問を抱くようになっていたからだ。本来、テストは生徒が「自分の中に学力が定着しているか」を確かめるためにあるもの。しかし定期テストという仕組みには「大人の都合」が多分に含まれていると感じていた。

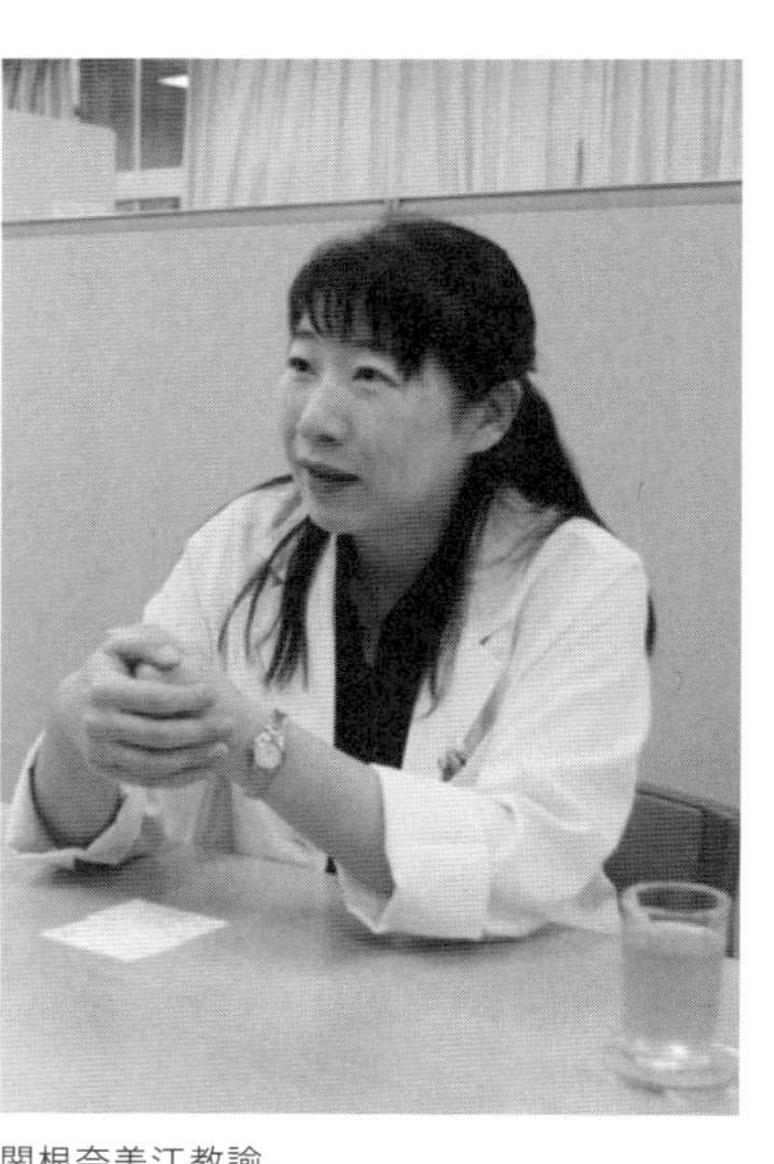
関根奈美江教諭。

「中間テストや定期テストだけで成績評価を固められれば教員にとっては楽だし、生徒にも結果を伝えやすいんです。それは互いにとって良い材料ではあるけど、やり方を『定期』にする必然性はありませんよね。生徒の学力の定着というそもそもの目的を考えれば、別にいつやっても構わないはずです」

従来の定期テストでは、教員が事前に出題範囲を明示していた。学園もののテレビドラマなどでお決まりのように使われる、授業で教員が「ここ、期末テストに出るからな」と言っている場面がまさにそれだ。出題範囲を明示しておけば問題を作りやすいし、評価もしやすい。

「でも今はそれをしていません。生徒たちに自律して、自分で学習の習慣を身につけてもらいたいからです。テスト前だけ、一気に集中して良い点を取るためだけに勉強するのではなく、自分で計画を立てて学んでほしいと思っています」

関根氏が受け持つ理科の場合、3年生では5単元の学びの範囲がある。それぞれが終わるたびに単元テストを実施するが、これだけでは範囲が広いので「小テスト」も設けた。一つの単元の中で3回程度、約10分の小テストを実施する。日々の授業で学んだ内容が自分の中に定着しているかどうか、生徒が実感を持って確認できるようにするためだ。

ちなみにこの単元テストは、生徒自身の意志で「再挑戦」もできる。納得のいく点数が取れなければ、自己申告して再度受け直すことができるのだ。1回目と2回目を比較し、良いほうの点数が成績に反映される。そのため当初はほとんどの生徒が再テストを志願した。

「それが、1学期が終わる頃には『自分で納得できる点数だったから無理に再テストを受ける必要はない』と話す生徒も出てきました。そもそも再テストを受けるかどうかは本人の選択次第。『せねばならない』ものではないので、自分で納得できる結果だったのであれば教員は何も言いません。その考え方が生徒の間にも浸透してきたのだと思います。『周りが受けるから自分も受けなきゃ』という同調圧力のようなものもなくなってきました。生徒は徐々に自分で考え、自分で選択するようになってきています」

年5回の実力テストも同じ目的に向かって設計されている。その名の通り、自分の学力がどれだけ定着しているかを見るものなので、出題範囲は示さない。また、実力テストの結果は成績評価にも算定されない。生徒にとっては、完全に純粋な、自分のためだけのテストなのだ。

「実力テストの結果について、教員は一切何も言いません。生徒にとっては誰のせいにもできないテストです。だからこそ、結果を見て『やばい』と思う子はもっと勉強するようになるし、そこそこ良い成績を取っていても満足がいかない子は『もっと頑張ろう』と思うんです」

出口が見えれば不安は解消されていく

前例のない取り組みは試行錯誤の連続だった。

「『小テストをやるよ』という予告はしているし、日々の復習をしていれば恐れることはありません。でも、生徒たちはテストという名前が付くとどうしても身構えてしまうものです。『うわ、テストだ』となってしまう。特に3年生は高校受験を目前に控えていることもあって、新しいテストの形に必要以上に敏感になっていたのでしょう」

動き出したばかりの1学期はまだまだ不安定だったと関根氏は振り返る。生徒にとっては、やり方が変わったことでどう成績に反映されるのかが見えず、不安な気持ちもあったのかもしれない。また、各教科の単元テストのタイミングが重なり、毎日のように試験が続くこともあった。学校行事と日程が重なるという現実的な問題も見えてきた。やってみて、初めて分かることもある。その後は同じ学年を受け持つ教員が教科間で時期を調整しているという。

新しい取り組みに対しては、保護者からも不安の声が寄せられていた。むしろ生徒よりも保護者のほうが不安だったのかもしれない。

「『定期テストなしで、どんな形で成績が付くの?』という質問がたくさん寄せられました」

そのため、学校だよりでの発信や、保護者会、面談などの場での説明に心を砕いたという。保護者が不安になると、当然子どもも不安になる。

しかしこの状況は、1学期の終わりに通知表が手渡されると一変した。蓋を開けてみれば、昨年より成績が上がった生徒が多かったからだ。

「今まではテスト範囲が広くて勉強しきれなかった子も、単元テストでは範囲が狭まり、集中して勉強できるようになったというケースが多いんです。生徒も、良い結果が出たことで『思ったよりも大変じゃなかった』と思ってくれているのではないでしょうか」

出口の見えないトンネルを走り続けるのは怖いものだ。自分がやっていることがどこにつながっているか見えないと、どうしても不安になってしまう。しかし一定の結果が出れば、つまりトンネルの出口が見えるようになれば、その不安は一気に解消されていく。ちなみに、と関根氏は笑顔で話す。

「保護者からは『今年の単元テストはいつですか?』『出題範囲は?』といった問い合わせも多く寄せられましたが、そこには一切答えませんでした。分からないからこそ意味があるんです」

やらされ勉強はもう必要ない

そもそも、勉強とは自分から自発的に取り組むものであって、「定期テストだから勉強する」というのは本末転倒。瞬発力も大事だけど、勉強はそれだけではない。日常的にテストという目標が身近にあることでモチベーションが継続し、すきま時間をうまく使う習慣も身に付いていく――。もうすぐ小テストだから、分からないところを確認しよう。次の時間は単元テストだから、休み時間に少しでも確認しよう。そんな風に「小さくあがく」ことも大切なのだと関根氏は説く。

このやり方では生徒たちへの負荷が高まってしまうのではないか？　と懸念する向きもあるかもしれない。ただそれは、従来のやり方にも言えることだ。定期テスト前に中学生が徹夜するのが望ましいことかと問われれば、否定せざるを得ないだろう。

テストの形が変わってから、関根氏のもとへは以前にも増して生徒が質問に訪れるようになったという。

「特に3年生はよく質問に来ますね。小テストや単元テストが近くなると本当に多いです。1回あたりのテスト範囲が狭いことで、『自分の分からないところが分かりやすく』なったのでしょう。教員としても、生徒の理解度を以前よりもつかめるようになりました」

関根氏が担当する理科の場合は、言葉を覚える暗記の部分は成績が非常に伸びているという。一方、思考力や技能を問う領域では、ペーパーテスト以外の実験や観察を以前よりも厳しく見るようになった。きちんと考察ができているか、ちゃんと自分の意図が伝えられているか。教員として、こうした評価にも力をより振り向けられるようになったのだ。

「大学入試制度も大きく変わろうとしています。やらされ勉強ではなく、いかに自分で自分の勉強をするかが今以上に問われる時代になっていくはず。自身で課題を見つけ、必要なときに勉強をする。必要がないところは手を抜いてもいい。それを自分で考え、判断し、行動できる力は、大人に近づくにつれてますます重要になっていくのではないでしょうか」

「あの先生に相談してみたかった」をかなえる仕組み

麹町中学校では、2018年度からもう一つの大きな改革が実行されている。「固定担任制の廃止」、そして「全員担任制の導入」だ。モデルにしたのは、一人の患者に対してさまざまな医療専門職が関わり最善の対応を目指していく「チーム医療」だという。

固定担任制とは、1学級に一人の担任教員が固定で張り付く制度。つまり、日本で義務教育を受けたほとんどすべての人が経験している制度だ。公立であれ私立であれ、学級運営の方法としては当たり前のものとして浸透している。それを変えた。

工藤校長は従来の固定担任制を「一人の担任に生徒のすべてを委ねることになる制度」だと見ている。それに対して全員担任制は、文字通り教員全員がチームを組んで、生徒にとって最適な対応ができるようにするものだ。面談の時期が来ると、生徒や保護者は「どの先生と話したいか」を選ぶ。自分の成長にとって誰が重要なのかを考えさせ、「人のせいにせず、自分の力で生きていける子ども」を育てることが大きな目的なのだという。

一人ひとりの教員にも、それぞれ得意分野がある。それをチームで生かし合うことが、生徒にとっての大きな価値につながる。授業の構成力に長けた教員、ICTの活用に長けた教員、保護者対応に長けた教員……。さまざまな個性を持つ麹町中学校の教員の中で、工藤校長が「子どものSOSのサインを見抜くのが最もうまい」と評する人がいる。音楽教諭の小林弘美氏だ。

麹町中学校に赴任して13年目。主幹教諭を務め、定年退職を迎えた後も再任用されて2年目になる。小林氏は、この学校のことを誰よりも知る現役教員だ。音楽を教える教員は一人だけなので、授業では全校生徒と関わることになる。だからこそ生徒のことを「なるべくたくさん知っておきたい」と話す。

小林弘美教諭。

「音楽って、人によって好き嫌いがはっきり出る教科なんです。だからなおさら、生徒のことをちゃんと理解したい。一つの研究を突き詰めてノーベル賞を取る人はすごいけど、興味の範囲が広くて、いろいろなことを知っている人も素敵でしょう？　会話していて面白い、魅力的な大人になってほしいと思っています」

そう明るく話す小林氏も、キャリアの中で自身が固定担任となるクラスを数多く担当してきた。工藤校長がとらえていた従来のやり方による課題も認識していたという。

「担任の先生によって、クラスのカラーというものができあがります。良くも悪くも『学級王国』になりがちで、他の教員はなかなかそこに深く関わることができないんです。もし学級運営がうまくいかなくなってしまうと、かわいそうなのは何よりも子どもたちです」

生徒は担任を選べない。それが従来の固定担任制では当たり前だった。一方で大人たちは、つまり学校側は、生徒の特性や状況を見てクラス編制を決める。「この子がいるクラスは、あの先生がいいんじゃないか」と勘案するチャンスがあるというわけだ。子どもは選べないのに。

「従来のやり方だと、子どもは我慢しなければいけないこともあります。『あの先生に相談してみたかった』と思ってもなかなかできない。全員担任制ならそのチャンスが増えます」

保護者からのクレームが減った理由

現在の麹町中学校では、すべてのクラスの担任が毎週変わる。担当する教員が変われば、クラスの雰囲気も変わっていく。

週ごとの担任は、単純にローテーションで回しているわけではない。クラスにもいろいろな生徒がいる。特に支援しなければいけない生徒がいれば、「今週は女性の教員が担当しよう」「今週も引き続き◯◯先生が関わって」といった形で、学年主任を中心に協議しながら決めている。ここで割り当てるのは「主担任」「副担任」の役割分担だ。

「1年生の場合は、主担任・副担任のいずれかが次の週も同じクラスに残るようにしています。1週間ごとに適切な引き継ぎができないと、生徒が頑張っていることをちゃんと誉めてあげられなくなる可能性があるからです。『先週はできなかったけど、今週はできるようになったね』と声をかけてあげるためには、情報の引き継ぎが欠かせません」

必然的に、職員室での教員同士の会話も増えた。来週は自分がそのクラスに関わるかもしれない。そう思えば関心の対象はどんどん広がっていく。副担任となる機会には、教室の後ろで様子を見て主担任の補助をする。前年度までは、副担任といえば主担任が出張で不在のときなどにフォローするような立場でしかなかった。自分の教科以外で、他の教員の学活や道徳の授業の様子を見る機会もほとんどなかった。それが今では同じ教室にいることができ、教員同士で学び合う機会にもなっているという。

子どもたちに伝わりやすい話し方は？　どのように生き方について語りかける？　そんなことを教員同士で学び合う。かつては同じ教員の立場でダメ出しをするのが憚られる雰囲気もあったが、今では互いに指摘し合えるようになったそうだ。

この体制は、さっそく一つの成果につながった。保護者からのクレームが減少したのだ。前年度までは「担任の対応」に関するクレームが学校に入っていた。それがほとんどなくなった。

「保護者へは『何かあったら、誰でもいいので、話しやすい教員に連絡してくださいね』と声をかけています。学年の教員全員が分かるようにしていますから、と。校長は『私に連絡してもいいですよ』としょっちゅう呼びかけていますね（笑）」

2018年度の夏休み前には、この体制になってから初めての保護者面談が行われた。保護者には事前に、面談する教員を第1希望から第3希望まで指名してもらった。

「学年主任に希望が集中するのかな？　とも思いましたが、実際にはかなりばらつきがありました。教員の年齢や経験にかかわらず、保護者と子どもの希望は多様でした。『子どもと年代が近い、若い先生の意見を聞きたい』という人も多かったですね」

子どものSOSを見抜くには

現在のところ、全員担任制は生徒や保護者にとって理想的な方法であるように見える。一方で、当事者である先生たちに戸惑いが広がったり、負荷が高まったりするようなことはないのだろうか。

「事務的な引き継ぎ事項に漏れが生じたことは何度かありましたね。『1週間以内に集めたい』という提出物があったとして、固定担任なら自分で継続的に管理できますが、全員担任では同じようにはいきません。週をまたいで担任が変わると、こまかな引き継ぎが抜けてチェックできなくなるというミスもありました」

前述のテスト改革と同様に、これも「やってみて初めて分かる」教訓だったのかもしれない。1学期ではこうした課題が明らかになったため、2学期以降は業務ごとに担当を決め、漏れなくチェックする工夫を取り入れた。これらの取り組みは、教員の連携をさらに深めることにつながっているという。

「教員の負荷という面では……どうでしょう。『歳を取るにつれて名前を覚えられなくなるんだよなぁ』とぼやく教員はいますね（笑）。私たち教員は、自分のクラスを持つとたいてい3日もあれば生徒全員の名前と顔を一致させられるようになります。それが全学年になるので、大変といえば大変ですよね」

苦労を笑い話に変えながら、「自分のクラスの子だけと接するよりも、たくさんの子たちと接するほうが面白いに決まっていますよ」と言い切る。そんな小林氏は、「子どものSOSのサインを見抜くのが最もうまい人」として、工藤校長から全員担任制の鍵を握る教員と期待されている。

「何かに困っている子は、表情を見れば分かります。嫌なことがあった子は必ず目線が下がっているんです。朝から明らかに機嫌の悪そうな表情をしている子がいれば『家でケンカをしてきたのかな？』と気にかけます」

「普段は丁寧な子なのに、ちょっとした仕草が雑になっているようなときも気にして注意深く見るようにしていますね。子どもの変化は、大人よりも正直に表れるんですよ」

登校してきた生徒全員の顔を見渡す。休み時間などに一人で過ごしていたり、誰かとケンカをしていたりする様子もそっと見守る。生徒一人ひとり、声をかけるべきタイミングも何を言ってあげるべきかも違う。そんなことも日々、教員同士で学び合っているのだという。

どんな先生がいる現場でも変われる

麹町中学校歴13年の大ベテランである小林氏には、もう一つ聞いてみたいことがあった。工藤校長が来てから、学校はどのように変わっていったのか。すると小林氏からは意外な答えが返ってきた。

「私自身が大いに変わったように思います。もともと私は生活指導に人一倍うるさい教員で、生徒には校則を守るようガミガミ言い続けていました。『学校で決められている規則だから守るべきだ』と頑なに思っていたんですよね」

「でも工藤校長が来て、いろいろと会話をするようになって、決められた規則を守らせることが第一ではないんだと思うようになったんです。私がガミガミ指導しているのを見た工藤校長から、『そんなの、声を荒げて怒ることじゃないでしょ?』と言われたんですよ(笑)。生徒の命に関わることが最も大事で、服装がどうとか、忘れ物が多いとか、授業に身が入りきっていないとか、そういうことは二の次なんだ、と」

子どもたちが大人へと育っていく過程で、教員が認識するべき優先順位とは何か。それを工藤校長は明確な理念とともに示したのだった。最上位の目標を共有すること。それはベテラン教員にも新たな気づきを与えた。

「工藤校長の理想がはっきりしていたから、今までにはない斬新なやり方を示されたときにも『まずはやってみよう』と思えたんです。やってみて、ダメなら戻せばいい。最上位の目標に立ち返って、またやり直せばいいのだと」

若くてもベテランでも、どんな先生がいる現場でも、変われると思いますよ——。

そう小林氏は締めくくった。

第１章のまとめ

工藤校長が麹町中に来て行ったこと

最上位目標の設定

「麹中メソッド」「麹中生が目指す８つの生徒像」(34ページ)

↓

目標達成のための具体的な取り組み

【授業関連】

・意見を表明し、議論を重ね、対立を解決する力を
身につけるため、ブレストやプレゼンテーションなど
現実社会と連動したカリキュラム導入（26ページ）

・「模擬裁判」「調理実習」「麹中塾」など外部企業や
専門家を巻き込んで教育現場を変える（28ページ）

・効率良く学び、考えるためのフレームワークを
身につけるため、手帳・ノートの使い方の指導で
自己管理と思考の「見える化」を行い、
再現性のあるスキルを習得する（29ページ）

【学校運営関連】

・定期テストの廃止、単元テストの導入（38ページ）

・固定担任制の廃止、全員担任制の導入（48ページ）

気をつけること

「目的と手段を履き違えない」

【特別対談①】

青野慶久氏（サイボウズ株式会社 代表取締役社長）

「組織の中で我慢しなさい」という教育はもういらない

（あおのよしひさ）１９７１年生まれ。愛媛県今治市出身。大阪大学工学部情報システム工学科卒業後、松下電工（現パナソニック）を経て、１９９７年８月愛媛県松山市でサイボウズを設立。２００５年４月代表取締役社長に就任（現任）。社内のワークスタイル変革を推進し離職率を６分の１に低減するとともに、３児の父として３度の育児休暇を取得。総務省等の働き方変革プロジェクトの外部アドバイザーや一般社団法人コンピュータソフトウェア協会の副会長を務める。

「どこで、何曜日に、何時まで働くのか」。働き方改革の先頭を走る企業として注目されるサイボウズでは、社員全員が自らの働き方を宣言し、実行しているという。社員に「自立」を求め続ける代表取締役社長の青野慶久氏と、子どもたちに「自律」を求め続ける麹町中学校校長の工藤勇一氏。経済界と教育界を代表する２人の改革者が、変化の時代に必要な学びについて語り合った。

自分の力で生きていける子どもを育てるための「マネジメント」

青野　麹町中学校では、公立だとは思えないような改革がどんどん進められていますね。

工藤　今年度は、改革の大きな柱の一つとして固定担任制を廃止しました。従来は一学級に一人の担任を固定するのが当たり前でしたが、これをなくしたんです。一人の担任に生徒のすべてを委ねるのではなく、チームでもっともベストな対応を行え

青野慶久氏。

るようにした仕組みです。病院における「チーム医療」のようなものです。面談の時間になると、保護者から「どの先生と面談したいか」の希望を出してもらっています。もちろん生徒もですよ。

青野　会社も同じで、「上司と合わないな」と悩んでいる社員がいても、他の上司に相談できる方法があれば救うことができるかもしれません。子どもにとっても、自分で「どの先生を頼るか」を選べることは大きいですよね。

工藤　そうですね。サイボウズさんでは「自立」をキーワードにしていると思いますが、私は1文字違いの「自律」を掲げています。意味するところはサイボウズさんと同じだと思いますが、自分の力で生きていける子どもを育てることが大きな目的なんです。自分の力で生きていける子とは、別の言い方をすれば「人のせいにしない子」ですね。

青野　まさに私も同じことを考えています。

工藤　でも従来の学校では、「人のせいにする仕組み」ばかり作られているように思うことがあります。

青野　人のせいにする仕組み、ですか？

工藤　固定担任制はまさにそうです。ある担任が、うまくクラスをまとめられない状況に陥っているとします。もちろん背景にはその教員の力不足もあるかもしれません。すると職員室では「あの担任だったら問題が起きるのは当然だな」という雰囲気になる。クラスにいる子どもたちも「うちのクラスは落ち着かないな。あの先生だからしょうがないよな」と考えるようになってしまう。

でも固定担任をなくせば、職員室の教員たちは「どうやって自分の得意分野を生かすか」を考えるようになります。子どものSOSのサインを見抜くのが得意な教員もいれば、保護者対応に長けた教員もいる。それぞれがワークシェアをするようになるんです。そうやって接していけば、結果として子どもたちも人のせいにしなくなり、自律のスイッチが入っていきます。

青野　なるほど。先生たちの間にチームワークが生まれるやり方なんですね。

工藤　これを運営するためにはマネジメントが大切です。問題に柔軟に対応して、適材適所で教員の強みを生かせるマネジャーがいるかどうか。これが学校運営の肝だと考えています。

青野　私はよく「これからのマネジャーに求められるのは石垣を組む能力だ」と言っています。一つひとつの石の形を見ながら、「ここだったらこの石、あそこにはこの石を……」と当てはめていく。そんな感覚です。

工藤　大切な力ですよね。青野さんの著書『会社というモンスターが、僕たちを不幸にしているのかもしれない。』（ＰＨＰ研究所）を読んで、私と似た感覚だなぁ、と感じました。

優秀なリーダーを生み出した寺子屋の教え方

青野　トップのマネジメントのもとで先生たちが互いの強みを生かし、チームワークを発揮していく。そうした姿を子どもたちに見せていくことは大切ですよね。

工藤　はい。しかし現在の日本の教育はこのことを押さえ切れていないのかもしれません。そもそも学校が何のためにあるのかさえ忘れてしまっているように思います。本来、学校は子どもたちに「人とつながり、社会の中で生きていく」力を身につけさせるためにあるはずです。結果としてそれが、社会をより良くすることにつながっていくのです。

青野　シンプルで分かりやすいですね。

工藤　考えてみれば当たり前のことなんですよね。人が人とつながり、社会の中で生きていくためには、コミュニケーション活動や経済活動の学びが必要です。でも今の学校は、これを忘れてしまっているように思います。

青野　確かに。「社会人を育てようとしていない」という感じがします。

工藤　今の学校は、社会から切り離され、特別な場所のように扱われているように感じます。本来、コミュニケーション活動や経済活動を学ぶためにこそ、カリキュラムがあるはずです。そして、学習指導要領はそのカリキュラムをコントロールするためにある。しかし、私たち大人は勘違いをしてしまった。学習指導要領をこなすことが目的になってしまったんです。

　教育の歴史を振り返ってみると、江戸時代の寺子屋には、コミュニケーション活動や経済活動の学びがしっかりとイメージできました。

青野　寺子屋？

工藤　寺子屋のカリキュラムはご存じの通り「読み・書き・そろばん」が基本です。

確かにコミュニケーション活動と経済活動の学びですよね。そして、学び方は「生徒同士の学び合い」が基本でした。現在のような一斉授業ではなかったんです。

青野　そうだったんですか。

工藤　江戸時代、寺子屋や藩校では情報をただただ受け取るという一方通行の学びではなく、双方向の学び合いが基本でした。学び合いは社会での人の営みそのものです。藩校の中には「子どもが学ぼうという気持ちがないのに、先生が教えようとするのは教育ではない。そんなことをしても、子どものためにならない」という教えの記録もあるんですよ。

青野　まさに「社会」ですね！

工藤　学び合いでは、一人ひとりが常に交渉し合っているんですよね。「僕はこれを教えられる」「なるほど、こう教えるとそういう反応なのか」「だったらもっと教え方を変えなきゃ」と。明治維新において革新的な物事に対応できる優れたリーダーがたくさん生まれたのは、江戸時代のそうした教育があったからこそじゃないかと思います。

青野　現在の一斉授業のスタイルだと、基本的にはみんな「聞いているだけ」だから、リーダーシップを発揮する経験ができないですよね。それが学び合いになれば「僕もリーダー」「あの子もリーダー」となる。

工藤「学び合いスタイル」は生徒のコミュニケーション能力をはじめ、主体性、リーダー性を伸ばすことができます。さらには、結果として成績も大きく伸ばすことができるんです。実際に、この方法で大きな成果を上げている都立高校のスーパー英語教員を私は知っています。

青野　英語の授業で学び合いとは……。それで実際に成績が伸びるというのは面白いですね。

工藤　本当の教育改革を行うためには、カリキュラムや教科書そのものを変える必要があるのかもしれません。事実、「カリキュラムを変えなきゃいけない」と指摘する方もたくさんいます。私自身、確かに学ぶことが多過ぎるのではと感じています。

でも、現状のままでも十分に面白い学びができるんです。

青野　しかし実際には、カリキュラムの議論ばかりしている印象がありますね。教え方の論議はほとんどなされていないように思います。私の上の子は小学校3年生なんですが、学校の様子を見てびっくりしました。黒板があって先生がいて、みんな同じ方向を見ているという、40年前の自分自身の子ども時代と何も変わっていないんです。

工藤　おっしゃる通り、「現代にマッチしたカリキュラムは何か」ということは盛んに議論されているのですが、「どのようなスタイルで学ぶべきか」という議論はほとんど行われていませんよね。

教育改革は「今あるものをちょっと良くする」だけでもいい

工藤　教育現場には、子どもが自律した考え方を身につける機会を奪ってしまっている慣習がたくさんあります。例えば教員によるノート点検。自分が振り返りに使うためではなく、「先生にチェックされるから」という理由でノートを一生懸命に取っている子も多くいます。

青野　本来の目的を見失ってしまっているんですね。

工藤　はい。これは会社の中でも同じかもしれませんが、目的を見失い、手段ばかりにこだわっているケースは多いですね。誰が読むのかも分からない作文を書かせるとか。

青野　思い出しました。私は子どもの頃、読書感想文を書くのが本当に苦痛でしたね。本を読んで面白かったという気持ちは自分の中にあるんですが、感想文となると誰のために書けばいいのか分からないから、進めようがなかったんです。

工藤　そうですよね。他にも、「事あるごとに目標を書かせる」なんていうのもあります。「今年は遅刻をしない」といったような、誰に見られても問題のない、目標としてほぼ意味を持たないものが教室の掲示板に数多く並んでいます。

青野　魂のこもっていない目標（笑）。

工藤　「ほとんど誰も読まない新聞を作る」というものもあります。修学旅行から帰ってきたら、「金閣寺は何年に建立されて……」から始まる新聞をみんなで作る。でも、調べればすぐに分かることが書かれている新聞なんて誰も読まないじゃないですか。これはみんなで協力して新聞を作ること自体が目的になってしまっているんです。本当は「そんなの誰も読まないじゃん」と言えるような子を育てなければいけないのに。

青野　本当ですね。

工藤　だけど教育現場では相変わらず、「忍耐・協力・礼節」ばかりを重要視しています。もちろん教育にはこうしたことも大切なんですよ。しかし、それ以上に重要なのが自律だと考えています。自分で考え、自分で判断し行動できる力です。

麹町中では、宿題を完全に廃止しました。夏休みの宿題も出していません。すでに分かっている範囲を何回も繰り返す必要はないんです。分からないところに自分で気づき、それを分かるようにしていくことが勉強ですから。

青野　「自分にはもう分かる範囲の問題なのに何度もやらされる」というのは、苦行でしかないですよね。

工藤　しかも時間だけはやたらとかかる。日本の労働生産性が低いと言われるのも無理はないと思います。大量の宿題を出されたら「僕はもう分かるから、分からないところだけやっていいですか？」と交渉できたらいいんですけどね。

青野　私は中学時代、実際にその交渉をしたんです（笑）。

工藤　そうなんですか？（笑）

青野　中学1年で覚えなければいけない漢字が300あったんです。だから「あ、1日1字でいいんだ」と考えて、宿題でどれだけ出されようが、勝手に毎日一つずつ覚えていく方針にしたんですね。簡単な漢字もあるから、ある日のノートには三つだけ漢字を書いて提出しました。そうしたら、先生からものすごく叱られて（笑）。私は合理的にやっているつもりだったんですけどね。

工藤　教育現場ではそうした場面がたくさん見られます。これでは、何も考えない人間を育てることにつながってしまいます。実は、修学旅行も変えたんですよ。

青野　どのように変えたんですか？

工藤　生徒たちが一時的に旅行代理店の社員となった前提で、1泊2日の京都奈良の旅行プランを企画し、代理店に提案するんです。2泊3日で行く実際の修学旅行は自分たちが企画したプランの現地取材という位置付けです。例えばこんなグループがありました。ターゲットはおじいちゃん、おばあちゃん。彼らは「健康増進に役立つ寺社巡り」というプランを企画したんですね。現地では予定した神社や寺を回り、インタビューして写真を撮ってくる。帰ってきたらその取材内容をまとめ、旅行パンフレットとプレゼン資料を作成し発表します。

青野　おぉ……。旅行代理店としては、新しいアイデアをたくさんもらえる場でもありますね。

工藤　パンフレットの制作では、代理店の専門家を招いたのですが、「書店に並べたときに売れる旅行パンフレットのタイトルとは？」といったことも学んでいましたね。

青野　本格的ですね！

工藤　こうした学びは、「目的」と「他者」を意識することにつながります。麹町中では目的がはっきりしない学習をスクラップしてきました。スクラップ・アンド・ビルドとよく言いますが、スクラップにこそ意味があるんです。形骸化した教育活動をスクラップすることで、子どもたちが目的もなくやらされていた慣習が消えていくわけです。

子どもの頃から、常に「何のため？」「誰のため？」を考える訓練をしていれば、社会に出たときの人材の価値も大きく高まっていると思うんです。今までの日本の教育は、「目的が分からなくてもまずは言うことを聞け」というような感じです。そうやって育った人は、会社に入ってから「おかしい」と感じることがあっても、自分の力で改善しようとは思えないのではないでしょうか。

青野　その体験がないわけですからね。なかなか形を壊せないという実例は多いと思いますよ。

私は以前パナソニックで働いていたんですが、松下幸之助さんが作った「事業部制」がずっと形として残っていたんですね。幸之助さんが経営の舵取りをしていたときに、社内や周りの状況をいろいろと見た上でベストな方法だと思って作った制度です。

その後は状況も変わっているし、幸之助さんが生きていたら「もう変えよう」と言っていたかもしれないのに、ずっと頑なに守っていたんです。

工藤　事業部制を守ることが目的になってしまっていたと。

青野　はい。そうした例は至るところに見られると思います。

でも工藤さんのお話を聞いて希望が持てました。私は「教育を根本的に変えなきゃいけない」と思い込んでいましたが、今あるものを、目的を意識してちょっと変えるだけでも相当良くなるということですね。

工藤　そうですね。学校改革は実はとてもシンプルなものなのかもしれません。

青野　今の教育を全否定する必要はないんですね。上位概念の目的から落として再設計していくだけで、しっかりワークするのだと。

工藤　従来の教育の中でも青野さんのような人物が育っているわけだし、そんなに悪いわけではないのかもしれません。大切なのは「先生の言っていることは本当に正しいのかな？」「この仕組み、何かおかしくない？」という疑問を持って、何のためにやるのか、誰のためにやるのかを考えられる子どもを育てることなんでしょうね。

経済界はもう「組織の中で我慢しなさい」という教育を求めていない

工藤　私が「目的と手段」の話をし続けている背景には、子どもたちに求められる力が変わってきていることがあります。社会構造や経済構造が大きく変わっていく中で、これからは自らの意志で起業したり、自由に転職したりできる力が求められると思うんです。

青野　とても大切な力ですよね。

工藤　自分たちが出て行く社会を否定ばかりせず、夢を持って飛び立って行くことができる生徒を育てたい。そんな思いから、麹町中の全教職員・保護者の最上位の目標を「『世の中まんざらでもない！　大人って結構素敵だ！』と思える生徒を育てる」にしました。学校に来て、「世の中が嫌いになり、大人になんかなりたくない」と思うのでは、学校なんていらないですよね。この目標は私たち教員や保護者が「今やっていることが子どもたちにとって本当に良いことなんだろうか」と悩んだり迷ったりしたときに、常に立ち返るものです。

青野　これ、すごい言葉ですよね。いかにも学校っぽい角張った目標ではなく、絶妙なラフ感があるんだけど、ぎゅっとエッセンスが詰まっている。

工藤　人間を否定しちゃいけないし、社会を否定したってしょうがない。自分の人生を楽しむのは自分だよ、と。だから学校は社会との垣根をはずして、シームレスにつながるべきなんです。世の中には素敵な大人がいっぱいいることを教えるべきだと思うんです。

サイボウズさんにはまさに、社会で生きることを楽しんでいる素敵な大人がたくさんいるんじゃないでしょうか。

青野　そうですね。サイボウズでは「断る権利が全員にある」んです。上司の言うことが絶対ではない。日本の組織形態のスタンダードは「メンバーシップ型」といって、上司に人事権が集中しているんですね。そのため「来週から君は上海勤務ね」と急に言われても、社員は断れないんですよ。

残業の問題も同じです。上司が言ったことは絶対で、それに背くと解雇事由になってしまう。こんな恐ろしいやり方は良くない。これでは社員の自立が損なわれる一方。そう思ってサイボウズではいろいろと変えてきました。

例えば「新・働き方宣言制度」という現在の人事制度では、「君はどこで働きたいの？」「仕事をする曜日は？」「朝は何時に出社して、何時まで働くの？」といったことを全員に問いかけて、１週間の自分の仕事のリズムまで宣言してもらっています。

工藤　そうしたアウトプットは、従来の教育の中で育ってきた人がいきなりやれと言われても難しいかもしれません。「忍耐・協力・礼節」を疑わない、いわば「組織の中で我慢しなさい」という教育ですから。

青野　こうした問題提起をしている工藤さんが「公立中学の校長先生」だというのが本当に面白いですよね。ご経歴も、基本的にはずっと教員ですよね。このあたりが逆に説得力があるというか。

工藤　ずっと教員畑を歩んできたと知って喜んでくれる方も多いです。

青野　私の場合もちょっと似ているのかもしれません。「東証一部上場企業の社長が会社という存在をディスっている」という構図を面白いと言ってくれる方が多いんです。本来なら「会社は永続させるべきだ」という立場の人間が、「いや、会社なんて飽きたら潰せばいいんじゃないの」と言っているのが面白くて、話を聞いてもらえるという。以前、連合（日本労働組合総連合会）会長の神津里季生（こうづりきお）さんと対談をした際には、「同意のない転勤は人権侵害だ。これはなくすべきだ」と申し上げました。連合さんがなかなか言わないことも私は言おうと。

工藤　教育現場でも同じような構図があります。

以前、教育委員会にいた頃には、組合さんが毎年交渉に来るんですよ。年度始めと終わりに来て、紙に書かれた内容をもとに交渉をする。私は「交渉される側」なので、本来なら無難にその時間を終わらせるものなのかもしれませんが、面談の後に「言いたいことはそれだけですか？　もっと良くしたいと思いませんか？」と声をかけたんです。

青野　すごい！「本音はもっとあるでしょう」と？

工藤　はい。「まだ帰らないでください」と言いました（笑）。「セレモニーをやって終わりじゃなく、一緒に考えましょう」と。

青野　目標を合わせようということですね。そうした交渉事の場も形だけが残ってしまっているのかな、と感じます。「もともとは何のための場だったんだっけ？」と考えなきゃいけない。教育が変わろうとしているのだから、大人たちの社会も変わっていかないといけませんね。経済界から「こんな子どもを育ててほしい」というリクエストがあれば、教育界も動きやすくなるというのはよく言われますよね？

工藤　そうですね。

青野　経済界はかつて、工業化社会の中で「会社の言うことをよく聞く勤労者をたくさん育ててほしい」と考えてきました。でも、これではもう会社が生き残れない。「もっと自律的に動く若者を育ててほしい」という声が高まっています。「組織の中で我慢しなさい」という教育はもういらないんですよ。

工藤　実際に経営者の意識は変わってきていますか？

青野　そう思います。サイボウズでは、かなり自由度の高い環境で社員に働いてもらっています。10年くらい前は「そんなことをやっている会社はうまくいかないだろう」と見られていました。でもサイボウズの業績が伸び続けていることで、「もしかしたらあのやり方がいいのか？」と世の中の見方が変わってきた。大企業の経営者からも「やり方を教えてほしい」と声がかかるようになったんです。

だから私たちは、「副業を解禁したらリターンのほうが大きかったです！」といった最新の事例を、これからも声を大にして発信し続けていきたいと思っています。

工藤　青野さんの本を読んだんですが、「会社もこうやって変わっているんだな」と思いました。そんな会社がどんどん増え、あちらこちらで改革が起これば世の中は確実に変わりますよね。

「我が子がどんな風に育っていくべきなのか」という意識も変わる

青野　教育改革を成し遂げるためには、保護者も意識を変えていかなければいけないのかもしれませんね。自らの意志で起業したり、自由に転職したりできる力が大切だと言われても、「やっぱりうちの子には良い大学に入って、大企業に入社してほしい」と思ってしまうかもしれない。

工藤　そうした本音は当然ありますよね。

青野　でも、長らく日本の経済を牽引してきた大手電機メーカーが次々と苦境に陥りました。フィンテックの登場で金融業界にも大きな変化が訪れつつあります。タクシーやホテル業界も、ＩＴの進化によって変わらざるを得なくなっている。時間差はあっても、この波は全産業に広がっていくでしょう。それに気づいている人は、「我が子がどんな風に育っていくべきなのか」という意識も変わっていると思います。

工藤　現実は、もう大きく変化してしまっているということですね。

青野　はい。かつては、私たちのような比較的新しい分野の会社は「ＩＴなんて虚業だ！　怪しい！」なんて言われていました。でも今ではプロ野球を見ても「ソフトバンクホークス」とか「ＤｅＮＡベイスターズ」とか「楽天イーグルス」とか、気づけば新しい会社が増えています。「大企業」のカテゴリーに私たちのような新しい会社が加わっていくことで、保護者の見え方も変わっていくんじゃないかと思います。

「サイボウズは大企業だからぜひ入りなさい！」という言い方をする保護者が増えていくかもしれません（笑）

工藤　「そして、サイボウズに入るためにはどうすればよいのか？」と考えれば、既存の教育スタイルでは厳しいと気づくかもしれませんね。

青野　そうですね。子どもが麹町中に通う3年間で、保護者も変わっていくものですか？

工藤　変わる人は多いかもしれません。

卒業生の例なんですが、親としてはやはり大学に行かせたいと考えていたそうです。でも実はその子は料理が大好きで、「将来はシェフになりたい」という夢があって、調理専門学校に行きたいと考えていたんですね。それでお母さんが私のとこ

ろに「どうしたらいいでしょう?」と相談に来たんです。

青野　卒業後も相談できるなんていいですね。

工藤　私は「自分の行きたいところに進ませてあげればいいいんじゃないですか」と答えました。進路って実は、選択の幅を広げていくよりは逆に狭めたほうが、結果として未来が広がっていくように思います。狭めた道で尖ったスキルを身につけたほうが、将来違う道を選んだときにも、そこで学んださまざまなスキルと経験が役立つんですよね。

そんな話をしたところ、最終的にはお母

さんも「覚悟しました」と。子どもは調理専門学校に進み、充実した日々を送っているると聞きました。

青野　かっこいい！　親も変わるんだ。

工藤　そのお母さんからは「麹町中に通ってよかった」と言ってもらえました。麹町中を、そして日本中の学校をそんな風にしていけたらいいですね。そうすればもっともっと活気があふれる国になっていくはずです。あちらこちらで起業する若者が現れ、課題解決をする事業に取り組む人が増えていくんじゃないでしょうか。

青野　それは夢物語なんかではないと思います。私もぜひ、一緒にコミットしたいですね。

第2章
行政まで変えた改革者の横顔

「よく民間出身だと勘違いされるんですよ」

「工藤校長って、一体何者なの?」

そんなコメントがSNSなどでよく見られるようになったのは、ウェブマガジン「WEDGE Infinity」で本書のもととなる、麹町中学校の取り組みを伝える連載記事を掲載し始めてから、まだ間もない頃だった。

「公立中学が挑む教育改革」と題したその連載では、前項で取り上げたような工藤校長の取り組みを次々と紹介していった。パワーポイントを駆使して生徒たちにプレゼンし、「目的と手段」の考え方を浸透させ、ノートや手帳を使いこなすフレームワークを教え、生徒の自律を損ないかねない宿題や固定担任制を廃止し……。従来の学校では考えられないような一連の改革は大きな反響を呼んだ。私やIさんが想像していた以上に、記事はインターネット上で拡散されていったのだった。

多くの人に記事が読まれた要因の一つに、「改革の舞台が公立中学である」という驚きがあったことは間違いないと思う。反響は教育現場の関係者や保護者からだけでなく、経済メディアである「NewsPicks」でも少なくない数のコメントが寄せられた。自由な裁量が少ないと思われる公立中学で、前例のない取り組みを次々と実行する工藤校長その人にも大いに注目が集まることとなったのだ。「工藤校長は何者なのか？」という疑問が生まれるのは当然の流れだったのかもしれない。

公立中学を改革する校長先生といえば、東京都初の民間人校長として知られるリクルート出身の藤原和博氏（元杉並区立和田中学校校長）を思い出す人も多いのではないだろうか。さまざまな立場の社会人を講師に招いて社会のリアルを学ぶ「よのなか科」や、外部の学習塾と連携した有料課外授業「夜スペ」などを立ち上げた藤原氏は、従来の教育現場の常識にとらわれない改革を断行した。同じように常識や慣例に縛られることなく、合理的な判断に基づいて学校のあり方を見直す工藤校長も、「民間人」のにおいがするトップだと思われることが少なくないという。工藤校長自身、「よく民間出身だと勘違いされるんですよ」と語っている。

「こんなに先進的な取り組みができるなんて、きっと工藤校長は民間出身に違いない」。そんな先入観を持つ人ほど、そのキャリアを知って驚くはずだ。民間企業はおろか、私立校の出身でもない。地元の山形県で教員として採用されて以来、工藤校長は30年以上にわたり公立中学の教育に携わってきた。

麹町中学校を訪ね始めた頃の私も、その事実に驚かされた一人だった。だからこそ、この一連の取材に引き込まれていったような気もする。

工藤勇一とは一体、何者なのか？

少年鑑別所に収容された生徒との再会

「教室に入ってチョークケースを開けたら、タバコの吸い殻がぎっしりと詰まっていたんです」

公立中学の数学教師として地元・山形から東京へ転任し、8年目。当時35歳の工藤氏が赴任した学校は荒れに荒れていた。廊下の窓はあちらこちらでガラスが割られ、床にはタバコの火による焦げ跡が点在し、吐き捨てられたガムがこびりつく。一部の生徒は制服があるにもかかわらず私服で登校し、授業中は教室の外でサッカーに興じていた。

職員室には、半ばあきらめかけている同僚たちがいた。

「これはもう人のせいにできない。自分がやらなきゃいけない」

工藤氏にとって、これまでの教員生活で経験したことのない試練だった。

「学校内外でたむろしている生徒たちを見つけると、いつも一人で話をしに行きました。先生が複数で来ると彼らは警戒する。でも一人で行けばちゃんと会話をしてくれるんです」

どんなに無茶なことをしても、僕は生徒である君たちのことが好きだし、嫌いになることなどない。だけどもし君たちが犯罪行為をしたら、そのときは警察に言わなきゃいけなくなる。これだけは覚えておいてほしい。ダメなものはダメなんだ……。

その学校で誰よりも生徒たちに本気で接し、粘り強く語りかけていたのは、学年主任でも生活指導担当でもない、「ヒラ」の担任教諭である工藤氏だった。1年生のクラスを受け持つことになり、先輩たちの姿に怯える生徒たちを守りつつ、トラブルのたびに保護者のもとへ謝罪に出向くことも日常茶飯事だった。そんな中で少しずつ環境を変えていったという。

「ボロボロの教室を生まれ変わらせるために、教師たちに呼びかけ生徒たちと一緒にペンキを塗り、壁紙を貼り直しました。ピカピカになったその空間で初めて保護者会を開いた際は、みんな驚いていましたね。この学年が進級すると、またボロボロの教室を一から生まれ変わらせる。そうやって少しずつ、まともな環境を作っていきました」

当時工藤氏が向き合った中には、少年鑑別所に収容された生徒もいた。後年、偶然その生徒と街で再会した際には、うれしそうに語りかけられたという。

工藤先生、俺は今、真面目にやっているんですよ。子どもも2人いて……。

「そんな感動を経験できる職業は、そうそうないと思うんです。学校や教育は本当に面白い仕事ですよ」

理不尽な教師への反発心

工藤氏は1960年生まれ。子どもの頃から数学や理科が得意で、高校は地元・山形県鶴岡市の進学校に進んだ。

「とはいえ、熱心に勉強するタイプというわけでもありませんでした。イギリスのロックが大好きで、ザ・ビートルズやレッド・ツェッペリン、ディープ・パープルなどにはまっていましたね」

女の子にモテようと思って長髪にしたり、分かりもしない哲学書を読み漁ったり。

そんな中で芽生えた自我は、やがて「自分が納得できなければ動かない」という信念につながっていく。少年の胸には、意味のないことを強いる理不尽な教師への反発心が自然と芽生えていったのかもしれない。

「中学時代には『髪の毛が長い』と言って人のもみあげをつかむ先生がいて、大嫌いでした（笑）。髪型や服装を縛られる理由が分からなかったんです。卒業式などの儀式に向けて集団で何かを練習させられる時間も嫌いでした」

教師たちは特に目的意識もなく、「決まっていることだからやるんだ」と理不尽を強いるだけの存在に思えたという。後年、既定路線に反逆するイノベーターとなったのは、当時の思いがくすぶり続けていたからなのかもしれない。

高校卒業後に上京した工藤氏は、東京理科大学の理学部応用数学科へ進んだ。コンピュータやプログラミングなどを専門的に学ぶ環境で、周囲には大企業の研究職を目指す同期もたくさんいたという。そうした環境の中で、工藤氏は入学後すぐに「教員免許を取得して教職を目指す」という選択をした。

「理不尽を強いられることが嫌いなので、当時は『人に使われる立場』にも『人を使う立場』にもなりたくないと思っていました。教員になれば授業は自分だけの世界だし、ある意味では一匹狼で勝負しなければならない。これは天職じゃないかと考えたんです」

そうして教員免許を取得した工藤氏は、地元に戻り、中学教師として歩み始めることとなった。

校則に関するやり取り自体が「時間の無駄」

工藤氏の授業スタイルは1年目から独特だった。1コマで展開する話の流れを綿密に構成し、「どこで生徒たちの興味を惹くか」「どの部分で盛り上げるか」を、自分が舞台に立っているつもりでシミュレーションする。教科書はできる限り使わない。

「普通なら『教科書のこの部分を教えなきゃ』と考えるのかもしれませんが、私の場合は、『この内容を教えたら生徒たちはどう感じるか』をまず考え、授業というプレゼンテーションを組み立てます。必要に応じて例題も変える。このやり方は校長になった今も変わりません」

公立中学の現場にはさまざまな生徒がいた。もちろん勉強が得意ではない生徒も。集団指導が当たり前の時代に、数学が苦手な生徒向けの個別指導にも力を入れた。どうすれば彼らが楽しく学び、成績を上げられるかを考える日々。

そんな中でも、「理不尽さを嫌う自分」を捨てることはなかったという。

「かつては『校則なんて何の意味があるんだ』と思っていた自分が校則を守るよう指導する側に回ってしまい、戸惑いもありました。テレビを見れば長髪の芸能人がたくさん映っている。社会人の大人の中にもいくらでもいる。『決まりだから』と周囲の先生たちがどれだけ言っても生徒には響きません。当然ですよね」

しかし、成文化されたルールを守らずに損をするのは、結局のところ生徒たちだ。教師や親など周りの大人たちの見る目が変わる。理不尽なフィルターをかけられた生徒たちの心はさらに頑なになり、大人たちとの間で不要なコミュニケーションが生じる。自分自身がかつて校則に反発し、髪を伸ばしていたときにも、大人がこだわるルールの土俵に乗って無駄な時間を過ごしていただけなのかもしれない。結局はどうでもいいことだったのに……。

「こんなやり取り自体が時間の無駄なんだから、自然とルールを守れるようにしてあげなければいけない。そう感じるようになってからは生徒たちへかける言葉が変わっていきました」

うちの学校は自由じゃなくて、規則がある。規則は人によってとらえ方が違うよね。厳しいと思う人もいれば、甘いと思う人もいる。そうした「感じ方の違い」を話してもキリがない。だからもう、ルールを守っておきなよ。先生たちとはもう、校則の話をするのはやめよう。僕は校則違反を認めるわけじゃないけど、次からはもう、君の髪が長くてもこの話はしないよ……。

大上段に構えて理不尽なルールを押しつけるのではなく、教員としての立場を取り繕うために言っているわけでもない。「無駄な時間を過ごしてほしくない」という合理的な理由で語りかけていることが伝われば、相手の反応が変わる。それを工藤氏は生徒たちから教えられたのだという。

「『礼儀や規律、服装などが大事じゃない』なんて言っているわけではありません。世の中に出れば、それが大事な場所で働かなければならないことがあるのは重々承知しています。しかし、礼儀や服装などの見た目のマナーを優先するあまり、その枠の中に入れない人を排除してしまい、幸せを得る力とか、人の役に立つ喜びとか、ともに学ぶことで得る教育そのものの価値を失ってはいけないと思っているんです」

服装や頭髪に関するルールは大人が作った枠組みだ。教員がこれを重視することで生徒も大人の枠組みにはまり込んでしまい、無駄な労力を費やすことになりかねない。

「生徒たちには、将来の夢や社会のことなど、自分にとってもっと大切なことがあるはずです。そこに目を向けられなくなってしまうのは悲劇だと思います」

常識にとらわれない姿勢を学んだ「中卒社長」

異彩を放つ教員として子どもたちと接していた当時の工藤氏。かつての教え子の中には、その工藤先生からかけられた言葉を強烈に記憶している人もいる。２００６年6月、当時最年少となる26歳２カ月で東証マザーズへの上場を果たした株式会社アドウェイズ代表取締役社長の岡村陽久（はるひさ）氏もその一人だ。

「たまたま工藤先生の数学の授業を受ける機会があって、そのときに『お前、センスあるな』と言われたんですよ」

中学時代をそう振り返る岡村氏。工藤氏は岡村氏が通う中学校に勤務していたが、実は一度も担任にはなったことがないという。たまたま数学の授業を代行することになり、そこで縁が生まれた。

「中学に入った頃は、勉強が好きでもなければ、得意でもありませんでした。工藤先生の一言で火が付き、『自分にはセンスがあることを証明したい』と思って、それ

株式会社アドウェイズ社長の岡村陽久氏。

からは数学だけめちゃくちゃ頑張ったんです。そうするうちに気分良く他の教科も勉強できるようになって、高校受験では結果的に都立の進学校に合格しました」

自分はやればできる。そんな自覚を持って迎えた高校生活だったが、最初の1学期を終える頃に岡村氏は退学してしまう。史上最年少上場社長であるとともに、岡村氏は「中卒社長」としても知られているのだ。

「中学時代と比べて、高校生活は本当に面白くなかった。経営の神様と言われる松下幸之助の本を読んで、『学歴なんてなくても、こんな立派な人になれるのか』と思ったことも影響しました。自分はやればできると思っていたので、社会に出て、やはり中卒ではダメだと感じるようならそこから大学を目指せばいいと」

高校を中退後、岡村氏は飛び込み営業の仕事を経て、20歳で会社を設立する。インターネット広告事業を立ち上げ、黎明期の携帯電話サイト向けアフィリエイト広告を展開して業容を拡大させていった。組織が大きくなっていく中で、自らが採用した若手社員に求めることには、かつて教室で工藤先生から伝えられたメッセージに重なる部分があるという。

「工藤先生には、理不尽なことで叱られた記憶はありません。叱られたときは『自分が本当に悪いことをしたんだ』と納得したことを覚えています。今でも『工藤先生に怒られないか』が善悪の判断基準になっていますね（笑）」

「世の中には、『あなたはこれをやりなさい』とこまかく決められ、指示されたほうが力を発揮できるという人もいます。その一方で、自分の頭で何をすべきか考え、能動的に動ける人材もいる。経験上、会社の中で伸びていくのは圧倒的に後者のパターンなんです。だから、アドウェイズでは何から何までこまかく指示をするような教育はしません。能動的に動ける人が活躍しやすい環境を作っています」

中卒だからといってハンディキャップを感じたことはない、と自身のキャリアを振り返る岡村氏。２０１７年の夏以降は、中卒者と高卒者を対象とした「第０新卒」採用という新しい試みをスタートさせている。常識にとらわれない姿勢もまた、教室で工藤氏から学んだものなのかもしれない。

中学生のうちに「ロールモデル」と出会ってほしい

「中学を出たら高校に進むのが当たり前。良い企業に入るためには、良い大学を卒業しなければいけない。でも、本当にそうでしょうか。誰かが作ったレールに乗らなくても社会で活躍できる。岡村君をはじめ、それを身をもって証明している人たちはたくさんいます」

工藤氏は力を込めてそう話す。「良い高校、良い大学に進むだけが人生じゃない」。

言葉にするのは簡単だが、大人には立場というものがある。ある種の立場に置かれた人は、たとえ心の中に思っていても絶対に口にはできない言葉を持つものだ。例えば公立中学の校長には、「良い高校、良い大学に進むだけが人生じゃない」と真顔で言える人はほとんどいないのではないか。しかし工藤氏はそれを本気で語ってしまう人なのだ。それも、実にポジティブに。

「どんな道であれ、その道を極めるために一心不乱に生きてきた人は素晴らしい。私は中学生のうちに、そうしたロールモデルとたくさん出会うことが大切だと思っています」

第1章でも紹介したように、麹町中学校の調理実習では、三國清三氏や陳建一氏、鈴木直登氏といった有名シェフから直接学ぶことができる。こうした機会を積極的に設けているのも、「人生のロールモデルと出会ってほしい」という思いからなのだという。

「そうした素晴らしい人々との出会いを通じて、自分で道を選び、歩んでいく子どもたちを育てたいですね」

すべての施策の根っこには、子どもたちへの思いがある。このスタンスは後年、工藤氏が教育委員会を舞台に改革を巻き起こしていく際にも遺憾なく発揮されることとなった。

文部科学省の主要政策に異を唱える

組織に所属している人なら、大なり小なり、その内側から改革を進めていくことの難しさを感じたことがあるだろう。工藤氏の歩みは、そうした現実との戦いの歴史だったとも言える。

東京で教員生活を続けてきた工藤氏は、学校以外の現場にも改革者としての足跡を残した。かつて在籍した新宿区教育委員会では、前例のない規模で公立学校のＩＣＴ（情報通信技術）化を進めている。当時、工藤氏とともに働いた3人の区職員の話を交え、改革者の横顔に迫ってみたい。

「私の三十数年におよぶ役所人生の中でも、あの3年間は特に『仕事をしたな』という実感が得られました。およそ役所の常識では考えられないようなことを実現したんです」

松田浩一氏（現新宿区危機管理担当部長）は当時をそう振り返る。公立学校のICT環境を整備するべく、新宿区は2009年に「学校情報化担当チーム」（当時）を新設した。異動の内示を受け、学校情報化推進担当となった松田氏は、ICT教育の専門家としてある人物を紹介された。目黒区立目黒中央中学校副校長から、学校情報化担当チームの統括指導主事として異動してきたばかりの工藤氏だった。

松田浩一氏。

「第一印象を端的に言うなら、変わった人

だな、と。統括指導主事という立場でわざわざ選ばれているのに、『自分はＩＣＴの専門家ではない』と言うんですよ。その言葉の意味は後になってしみじみと理解しましたが」

公立学校のＩＣＴ化は当時、文部科学省が主要政策として進めていたものでもあった。２００９年度の補正予算案に盛り込まれた「スクール・ニューディール」構想では、学校施設の耐震化・エコ化とあわせてＩＣＴ化が掲げられている。全国の小・中学校に電子黒板を導入するという内容だった。しかし工藤氏はこれに異を唱える。

「電子黒板などの新たなＩＣＴ機器を導入した場合、往々にして現場の先生は機械やコンテンツに合わせて指導方法を変えなければいけなくなる。場合によっては指導計画そのものを見直す必要も出てきます。工藤さんが目指していたのは、真逆なんです。授業はプロである先生自身が構想し、必要なコンテンツも先生が作るべき。それを後押しするためのＩＣＴ環境でなければ何の意味もないのだと力説していました」

ＩＣＴ化といっても、ロボットやソフトウェアが授業をするわけではない。教員のモチベーションを高め、授業を手助けするために必要なものを準備しなければならない。ＩＴ時代に子どもたちへ質の高い教育を提供していくためには、その原則を曲げてはいけない――。

工藤氏の考えに基づき、新宿区は独自のプランを作成した。特徴的な設備として挙げられるのは、「プロジェクタ」と「ホワイトボード」の組み合わせ、そして教員の手元をスクリーンに映し出せる「実物投影機」だ。

「プロジェクタ」と「ホワイトボード」を組み合わせることで、教員はプロジェクタが映し出す画像の上に、マーカーで自由に書き込むことができる。工藤氏は「映像とこれまでの板書がシームレスにつながることで、教師の使い勝手が飛躍的に向上する」と考えた。また、実物投影機があれば、教科書を拡大して説明したり、技術の授業で作業をする手元を映したりすることもできる。

授業のたびに時間をかけて準備をするようでは教員の負担になるだけなので、外部企業の協力を得て、すべての配線がセットアップされたまま格納できる「ＩＴ教卓」

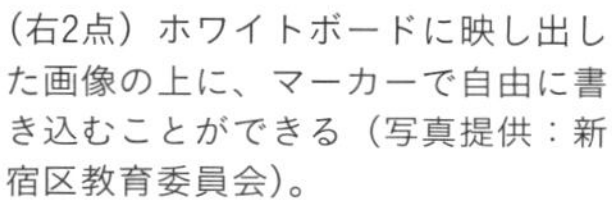

（右2点）ホワイトボードに映し出した画像の上に、マーカーで自由に書き込むことができる（写真提供：新宿区教育委員会）。
（上）「実物投影機」は教科書を拡大して見せることも可能（写真提供：新宿区教育委員会）。

新宿区がメーカーの協力を得て独自開発した教卓。すべての配線をセットアップしたまま格納することができる（写真提供：新宿区教育委員会）※本ページの写真はすべて2009年当時のもの。新宿区は2017年夏に「パソコン」のタブレット化をはじめ、「プロジェクタ」、「実物投影機」を最新の機種に更新し、新たな学校のICT環境を整備している。

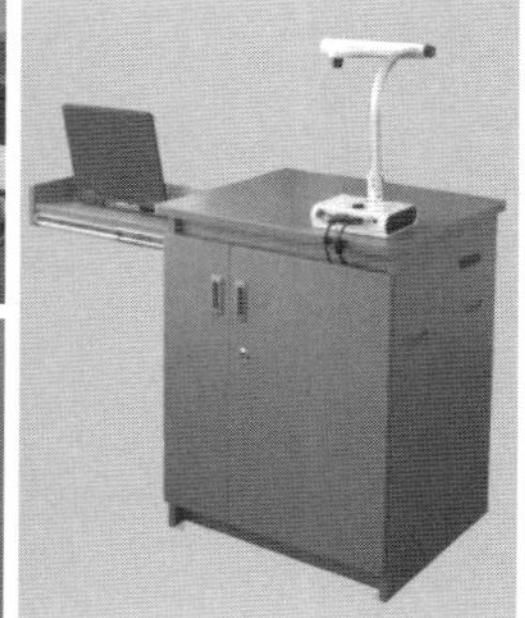

も開発。「現場の負荷を考えずに機器を導入しても、いずれ使われなくなって埃まみれになるだけだ」という工藤氏の強い意志を反映したシステムだった。

試験的にこの設備を使ったベテラン教員からは、「もう以前の環境には戻れない」という高評価を得たという。

こうして、学校情報化担当チームは新宿区独自のＩＣＴ化政策を立ち上げる。３年間で新宿区立小中学校全40校、総教室数７００を超えるすべてにＩＴ教卓を導入し、すべての黒板をホワイトボードに変え、超短焦点プロジェクタを常設するという、前例のない規模の計画だった。

この改革は絶対に実現させなきゃいけない

新たな取り組みを始めれば、さまざまな方面との軋轢が生まれるものだ。新宿区のＩＣＴ化計画も例外ではなかった。

あるとき、学校情報化担当チームと区の教職員組合が話し合いの場を設けることになった。「ＩＣＴ化によって現場の教員の負担が増すのでは」という懸念を持つ組合側へ説明するためだ。ここで松田氏は、慣例にとらわれない工藤氏のスタンスを目撃する。

「通常、組合との話し合いは明確に時間を区切って行われます。説明する側はできるだけ早く終わらせたいと思うものです。ところが、一通り説明を受けた組合側が『持ち帰って検討する』と言っているのに、工藤さんがさらに組合側に呼びかけたんです。『まだ帰らないでください。もっと話しましょうよ』『この改革は、子どもたちのために絶対に実現させなきゃいけないんですよ』と」

そして工藤氏は、組合関係者に向けてＩＣＴ化の意義を語り続けた。気づけば数時間が経過していた。教育委員会は、現場の負担を増やそうとしているわけではない。その真意が伝わったとき、両者の間にあった対立軸はほぼ無意味なものになっていた。その光景を目の当たりにした松田氏は「本当に熱い人だな」と感じた。「ある意味、青臭い人なんだな」とも。

3年間という期限に向けて計画を完遂するためには、突貫工事も必要だった。対象となる学校の数は膨大。区役所内の工事部門には、あまりにも途方もない計画から「できるわけがない」とさじを投げられた。しかし工藤氏はあきらめなかった。学校情報化担当チームのメンバーも思いは同じ。「工事部門が引き受けてくれないなら自分が図面を描きます」と、一からCADを覚えて区内すべての教室の工事を起票したメンバーもいた。

「役所というのは、ちゃんと計画を立てて進めていくものです。そういう意味では私たちは本当に危なっかしいチームだったのかもしれない。でも、工藤さんが繰り返し語り続ける理念に影響されて、『これは絶対に子どものため、先生たちのためになるんだ』と信じていました。この頃には、当初工藤さんが言っていた言葉の意味も理解できるようになりましたね。工藤さんはICTの専門家ではなく、あくまでも『学校教育の専門家』としてこのチームに加わっていたんです」

結果的に区役所内での協力者は増えていき、学校情報化担当チームは3年間の目標を完遂することができた。

松田氏は今でも、壁にぶつかったときには工藤氏のことを思い出すのだという。

「どんなに大変な場面でも、工藤さんなら『大勢に流されていてはダメだ』『思い切って言うべきことを言わなきゃダメだ』と言うでしょう。私にとってあの3年間は、それまでに身につけていた公務員の常識を良い意味で破壊してくれた期間でした」

教育委員会の都合は最後に考えよう

工藤氏はその後、新宿区の教育指導課長として新たなミッションに取り組んでいる。長田和義氏（新宿区教育委員会事務局教育指導課長）と小林力氏（同課主任指導主事）は、当時の工藤氏のもとで働いたメンバーだ。

「工藤さんが掲げたテーマは『改善』でした。そのために取り入れたのが学校の経営診断。民間企業で行っているような組織マネジメントの発想を学校現場に根付かせていったんです」（長田氏）

生徒に対する指導内容の評価には力を入れているものの、経営という観点での改善は十分ではない。公立学校の課題と向き合い続けてきた工藤氏ならではの発想だった。
「例えば、教員が仕事をする職場の環境を改善することもテーマの一つでした。学校のＩＣＴ化もその一環ですが、今で言うところの働き方改革を進めていったわけです。すでに行われていた『授業の質を生徒に評価させる』といった取り組みも拡大していきました」（小林氏）
部下である教育指導課メンバーも、「工藤流」を大いに叩き込まれることとなった。それまでは、テキストベースで作成した資料を学校に配布することが当たり前。しかし工藤氏は「区で作る資料にはもっとメッセージ性を持たせ、相手（読み手）を意識して伝えなければならない」と指摘した。
「『相手に使ってもらえる資料でなければ、そもそも作らなくていい』と言われたことがありましたね。学校側で手に取って読みたくなるような資料を作ろう、と」（長田氏）

「工藤さんは日頃から考えていることを積極的に話してくれるので、その思いを少しずつ理解していくことができました。もちろん厳しい面もあって、考えたプランや資料を一から練り直すように言われたことも数え切れません。プレゼンの際には『常に受け手を意識し、メッセージ性のある言葉とメッセージ性のある図表を使ってほしい』とオーダーされたことを覚えています」(小林氏)

そんな2人は、麹町中学校で次々と改革を進める工藤氏を見て「水を得た魚のようだ」と表現する。新宿区で工藤氏が実現した改革を、学校現場というフィールドでさらに進化させ、定着させているからだ。「その根底には工藤氏の揺るがない信念がある」と長田氏は話す。

「工藤さんの下で働いていた頃に胸に刻み込み、私自身がいつも心がけていることがあります。それは、すべての判断を『子どものためになるかどうか』という軸で考えること。工藤さんは事あるごとに『何かを判断するときの優先順位は一に子どもたちのため、二に保護者のため』と話していました。その後に教員と学校がある。教育

委員会の都合は最後に考えよう、と」（長田氏）

「私たちの仕事ではさまざまな立場の人との調整が必要ですが、今やっていることが子どものためになるかどうかという視点で話せば、どんな相手とも対立軸がなくなって、互いに納得できる場所へ着地できるんですよ」（小林氏）

一に子どもたちのため。工藤氏はその言葉をきれい事で終わらせず、役所の中でも大きな存在感を発揮した。工藤さんは根本的に、いつまでも教員なのだと思う――。

小林氏はそう締めくくった。

着任4カ月で200の課題を洗い出した改革者

「私が教育委員会へ行ったのは、ゆくゆくは校長になりたいという思いがあったからなんですよ」

取材を続ける中で、工藤校長がそう話してくれたことがあった。

校長になる。校長になって、自分の思い描く理想の学校を作る。行政マンとして型破りな行動を取ることができたのも、教員としてのスタンスを失わずに周囲へ発信し続けたのも、いずれは学校の現場へ戻って陣頭指揮を執るというキャリアプランを明確に持っていたからなのかもしれない。

その思いが果たされたのが2014年4月だった。新宿区教育委員会から、千代田区立麹町中学校の校長へ転出。「公立の名門校」としてブランドを確立していた麹町中学校だが、ここにたどり着いたのは単なる偶然ではなかったのかもしれない。着任早々、工藤校長の目には無数の課題が映っていたからだ。大きなものから小さなものまで、6月までの2カ月間で160近い課題を洗い出した。

7月、夏休みに入ると、工藤校長はすぐに全教職員を集めて全体研修を行った。

「この学校の課題だと思うことを書いてほしい。不満でも構わない」

教員に個別に考えてもらい、グループワークなどを経て約40の課題を集約。そこに工藤校長が見つけた160の課題を加えて、解決すべき事柄は200を超えたという。

優先順位をつけ、事業計画を作る。ここまで就任から4カ月。改革を急いだのは、行政に関わってきた経験値があったからだ。

「区の予算要求はおおむね毎年11月頃には形になります。校長として教育委員会と折衝し、必要な予算を認めてもらうためには、夏頃までに準備を終えておく必要があるのです」

生徒とともに過ごす時間以外は、なるべく削減したい

特別な予算を必要としない改善にはすぐに着手した。その一つが「教職員の会議」だ。教職員は毎朝、職員室で朝の打ち合わせをする。着任当初の工藤校長は延々と続く全体打ち合わせの光景を目の当たりにして、辟易していた。その打ち合わせには明確なアジェンダ（議題）がなく、ただの報告会になっており、早く終わらせるための工夫もなかった。

そこで工藤校長は職員室内の副校長席の後ろにあるホワイトボードを利用する、打

ち合わせのルールを定めた。

・赤字で書いたものは生徒に伝えなければいけないこと
・青字で書いたものは教員の間で共有しなければいけないこと
・ホワイトボードに書いてあることについて打ち合わせで話す必要はない
・これらは各自が責任を持って確認する
・その他、口頭で伝えたいことがあれば見出しと担当者名を書いておく

「このルールを徹底したら、それまでは5分も10分もかかっていた朝の打ち合わせを1分程度に短縮できました。今朝などは10秒で終わりましたよ。教員の始業時間は8時ですが、生徒は8時15分から登校します。この間に『10分のロス』があると、早く教室に行って子どもたちの様子を見てあげることもできない。教員は生徒とともに過ごす時間を何よりも大切にするべきなので、他の時間はなるべく削減したいと考え

ています」

改善の効果は月2回の定例職員会議にも及んだ。定例会議のスケジュールは「14:30〜15:30」。しかし現実は、毎回予定終了時間をオーバー。「始まりも終わりも押す」のが当たり前だったという。現在の職員会議は月1回、30分程度。「全体に周知しなければいけないこと以外は会議で話さない」というルールを徹底し、教職員が使うグループウェア「校務支援システム」の掲示板などを活用して、会議に頼らない円滑な情報共有を進めている。

「横割り組織」の論理を壊す

麹町中学校で2017年度まで副校長を務めた宮森巖(いわお)氏は、同校へ理科教諭として赴任し、校務管理や若手教員への指導にあたる主任教諭・主幹教諭を経て、先代校長の時代に副校長となった。工藤校長の改革による変化を最もよく知る人物の一人だ。

「以前は、『雑務はすべて副校長がやるもの』というおかしな雰囲気がありましたね。

職員室の電話が鳴っても、教職員は誰も出ないんです。私がすぐに出られないときは何コールも響いていました」

　現在では、職員室の電話が鳴れば、誰かが必ず3コール以内に対応する。これは工藤校長の着任後に始まったビジネスマナー研修の成果だ。「電話は3コール以内に出る」「『麹町中学校の○○です』ときちんと名乗って対応する」。一般企業の新人研修のようだが、麹町中学校では50代のベテラン教員であれ新卒の事務職員であれ、新たに赴任した人は必ずこのカリキュラムを受けることになっている。

　トップが改革者となったことで、教員同士の関係性にも変化が生じた。

「これは他の学校にも見られることかもしれませんが、かつての麹町中学校の教員は学年ごとのセクションに分かれて、学年主任を中心に強固なチームを作っていました。これ自体は悪いことではないのですが、行き過ぎると全体の連携を阻害することにもつながります。教員同士にも情があるので、『まずは担任を盛り立てよう』とか『学年主任の顔を立てよう』とか、組織の論理で動いてしまうこともある。しかし本来は、学年主任や担任の立場にこだわらず、一人ひとりの生徒にとって最も教育効果を発揮できる教員を前面に出していくべきです。工藤校長は、そんな『当たり前のこと』を実践させました」

以前は、生徒に何か問題が起きても、別の学年の教員が関わることはほとんどなかった。しかし現在では違う学年の教員もどんどん首を突っ込む。縦割りならぬ「横割り」組織の論理を、工藤校長が良い意味で壊したからだ。その生徒の問題と向き合うために、誰が最も適任なのかをフラットに考えて対応させる。宮森氏は「工藤校長が来てから、教員間のコミュニケーションは格段に濃くなった」と感じたという。

優秀な教員の採用・育成にも力を入れる

組織が大きく変わったのは、工藤校長の考えに賛同し、志を同じくする教員が増えているからに他ならない。東京都教育委員会が実施する「公立小中学校教員公募」の制度を利用して、目指す学校像を実現するための「リクルーティング」にも力を入れている。

「工藤校長も私も優秀な教員を常に探していました。公募制度で集まるのを待っているだけでなく、教員が集まる研究会などにも頻繁に顔を出して、『これは』と思う教員には積極的に声をかけていたんです」

コミュニケーションの能力と技術に長け、「君のことを本気で考えているんだよ」という思いを生徒に心から伝えられる誠意がある人。その上で、教科における専門性が高ければ何より。そんなターゲットを設定して、校長とともに宮森氏は日々、優秀な人材の発掘に努めてきたのだという。

採用活動だけでなく、人材育成にも余念がない。

「私が学年主任を務めていた頃は、何か問題が起きても校長や副校長に相談することはほとんどありませんでした。いつも自分が『最後の砦』だったんです。しかし現在の麹町中学校では、教員が『こんな方法でやりたいんですが、どう思いますか？』と直接校長にアドバイスを求める場面が頻繁に見られます。工藤校長の指導技術がずば抜けていること、そしてその背中を積極的に見せていることが大きいのではないかと思っています」

生徒に何かしらの問題が生じて、保護者との間でトラブルを抱えてしまうこともある。そんなときに工藤校長は「保護者と語り合えるんだから、トラブルはチャンスだよ」と教員に語るのだという。日頃はなかなかじっくり話す時間を持てない保護者が、わざわざ学校へ足を運んでくれる。保護者との信頼関係を強化するためには、またとない機会というわけだ。

問題を解決するだけではなく、以前にも増して強固な信頼関係を築き、生徒のためにより良い環境を作る。そのためには校長自身が保護者と向かい合い、徹底的に会話する。「まずやってみせる」という姿勢もまた、工藤校長の特徴だという。

子どもが第一、次に保護者、そして教員。この優先順位を明確にして、問題解決にあたる教員へは「子どもたちのためになっているかを第一に考えろ」と言い続ける。そんな校長の存在が、一人ひとりの教員の行動を大きく変えたのだった。

〝常識破り〟のトップが慣例重視の現場に与えた衝撃

着任初年度から学校の課題を洗い出し、次々と解決策を実行していった工藤校長。現場で改革と向き合う教員たちの胸にはさまざまな感情が沸き起こっていたという。工藤校長はどのようにリーダーシップを示し、「メンバー」の意識と行動を変えていったのか。麹町中学校に勤める4人の教諭に話を聞いた。

「不登校の生徒全員と面談をしたい」

着任したばかりの工藤校長がそう話すのを聞いて、主任養護教諭の新橋典子氏は驚きを隠せなかった。新橋氏は当時、赴任4年目。「保健室の先生」として、学校になじめず苦しんでいる何人かの生徒がいることはいちばんの気がかりだったという。

「不登校の生徒に対して、学校は担任へ『頻繁に連絡を取るように』という方針を示していました。しかし保護者からは『あまり連絡しないでほしい』と言われるケースもあり、間に立つ教員が対応に苦慮する姿も見ていたんです。何より、最も苦しんでいたのは不登校になってしまった子どもたちとその保護者でしょう。工藤校長が全員と面談すると聞いたときには、驚きと同時にうれしく思いました」

学校へ行かない我が子に対して親は有効な言葉をかけることができず、責任感と現実の狭間で悩み、学校側とのコミュニケーションを断ってしまうこともある。だから工藤氏は、担任教諭の代わりに自らが現場へ出て、生徒や保護者との会話の機会を重視した。面談の場では保護者へ「あなたの子育てが間違っていたわけではない」と語り続けたとい

新橋典子教諭。

う。

当然のことながら、保護者は学校の運営姿勢に敏感だ。少しでも「学校のため」「職員のため」という姿勢が見えるとすぐに気づかれ、厳しく指摘される。

「工藤校長は保護者に対して話をするときも『子どもたちのため』という軸がぶれません。だからこそ真正面から意見交換ができるのだと思います。保護者に対して『お母さん、それは違いますよ』とズバッと言うこともある。その後ろ姿に影響された教員は私だけではないと思います」

「大人の事情による会議」をすっ飛ばして決める

2012年度に麹町中学校へ赴任した桜井千香氏は、障害がある生徒のための特別支援学級を担当している。その方針は工藤校長の着任後に大きく変わり、学級独自に新たに宿泊行事や校外学習を運営するようになった。桜井氏の提案を受けて工藤校長が判断したという。

「保護者向けの学習会なども独自に開催するようになりました。今では特別支援学級の保護者だけでなく、通常学級の保護者や千代田区内外の誰もが参加できる公開講座へ発展しています。工藤校長自身が特別支援学級に関して豊富な経験を持っているということもありますが、私に大きな裁量を与えてもらっていること、提案したことに対してもとても早く判断をしてもらえることに助けられています」

なぜ工藤校長の判断は早いのだろうか。

学校の意思決定は通常、いくつかの段階を経て行われる。教務部や生活指導部、進路指導部、経営支援部といった「分掌」に教員が分かれて議題を検討し、その後は運営会議や職員会議の場へ持ち込

桜井千香教諭。

まれるのが慣例なのだという。そうしたプロセスがあっての校長決裁だから、物事をスピーディーに決めるのは難しい。

「でも工藤校長は、緊急性が高く子どもたちのために必要なことであれば、そうした『大人の事情による会議』をすっ飛ばして決めることもあります。良い意味で伝統や慣例にとらわれない人なのだと感じています。公立学校では校長だけの判断で決められないことも多々ありますが、そんなときも決裁は早いですよ。私が校長室へ相談しに行ったその場で教育委員会へ電話し、同意を取り付けてもらったこともありました」

教員のアイデアを聞き、進めるべきだと判断すれば、「校長からの提案」として職員会議へ諮ることもあるという。日常の会議体をできる限り尊重しつつ、議事の進行をできる限りスピーディーにするためだ。いざというときには校長の権限を最大限に活用し責任を取る。この姿勢が教員からの積極的な提案を呼び込んでいると言えるだろう。

シンプルな目的意識を持つことで自由になれた

中堅・若手の教諭は、工藤氏との出会いがもたらした「衝撃」を語る。2015年度に麹町中学校へ赴任した技術科教諭の加藤智博氏は、異動前のあいさつに訪れた際の印象が強烈に残っているという。

「正式な異動前なので、軽いあいさつのつもりで麹町中学校に来たんです。時間はかかっても10分程度だろうと思っていました。ところが校長室では、初めて会った一教員の私に教員のあり方や授業の組み立て方、学校運営への思い、『麹中ノート』のことなどを熱く話してくれて。気づけば1時間半が経過していました（笑）。『経営方針を明確に持っている人なんだ』と感じましたね」

同じく2015年度に赴任した数学科教諭の戸栗大貴氏は、担当する生徒会の活動を通じて「工藤流」を知った。

「生徒会役員選挙の際に、工藤校長から『各候補の得票数は開示するの？』と聞か

加藤智博教諭。

れたんです。前の学校では、落選した生徒の心情に配慮して開示せず、当選した生徒に花を付けるだけでした。同じようにやろうとしていたら、『本当にそれでいいのか？　本当の選挙だったらすべての数字を開示するよね』と言われて……」

仮に得票数が著しく少ない生徒がいたとしても開示するのか。工藤校長の意見は「すべてオープンにするべき。立候補はリスクも負ってするもの」だった。「教育的にプラスになることなら、できる限り社会のリアルに近づけるべきだ」と。

慣例にとらわれず、必要だと思うことは実行する。そのリーダーシップに影響を受けて、多くの教員が「教員のあり方」を見つめ直すことになった。しかし、工藤氏の方針に共感する教員も、苦労がないわけではない。

「無駄に長い会議や日々の宿題チェックといった、本来の学校のあり方を考えるうえで必要のない労力は削減されています。一方で、何事も『昨年の実績があるから今年も同様に』という進め方では通用しなくなりました。常に変化を続けながらゼロから企画することも多いので、考えることは格段に増えたと思います」

戸栗大貴教諭。

そう加藤氏は振り返る。

戸栗氏も、この学校へ来てからの自身の変化を感じているという。

「私は文化祭などの行事を担当することが多いのですが、一つの行事を無事に終えても課題は山積みです。自分自身がその行事をどんな教育につなげたかったのか。

その目的から振り返ると、本当にやりたかったことの30～40パーセントくらいしか達成できていないんじゃないかと感じることも多々あるんです。だからこそ『もっと良くしなきゃいけない』という思いが強くなるのかもしれません」

「ようやくうちの学校も軌道に乗ってきたね」

「まだまだ道のりは長いと思いますが、それでも私は、ここ数年でとても自由になれたと感じているんです。生徒のことをいちばんに考えて動けばいい。そんなシンプルな目的意識を持てるようになったので、以前よりもずっとやりやすくなりました」

主任養護教諭として多くの生徒と向き合う新橋氏はそう話す。

やればやるほど新たな課題が見えてくる。一人ひとり違う個性を持つ生徒と向き合い続ける限り、ゴールも一律ではない。新橋氏は年度を振り返る工藤校長との会話の中で「ようやくうちの学校も軌道に乗ってきたね」と声をかけられたそうだ。ようやく。しかし、着実に。麹町中学校の改革の歯車は日進月歩で動き続けている。

第２章のまとめ

工藤勇一が、麹町中の校長になるまで

自分が納得できなければ動かない少年だった（93ページ）

⬇

人を使う立場にも使われる立場にもなりたくないと思い、
一匹狼で勝負できる「教師」を天職と考える（95ページ）

⬇

中学教員に。常識にとらわれない姿勢を
子どもたちに伝える。「誰かが作ったレールに
乗らなくても社会で活躍できる」（102ページ）

⬇

「ゆくゆくは校長に」という思いを持って教育委員会へ

・文科省の政策に異を唱え、新宿区独自の学校ＩＣＴ化を行う（105ページ）
・教員の「働き方改革」など、組織マネジメントの発想を学校に根付かせる（112ページ）

2014年4月、千代田区立麹町中学校長として赴任

・200もの問題点の洗い出しを行う（116ページ）
・会議時間の短縮、学年ごとの「横割り」セクショナリズムを改める、など改善策をすみやかに実行、教職員の意識と行動を変えていく（117ページ）

気をつけること

「子どもたちのためになっているかを第一に考えろ」

【特別対談②】

木村泰子氏（大阪市立大空小学校初代校長）

人の心なんて教育できるものではない

（きむらやすこ）「みんながつくる　みんなの学校」を合い言葉に、すべての子どもを多方面から見つめ、全教職員のチーム力で「すべての子どもの学習権を保障する学校をつくる」ことに情熱を注ぐ。学校を外に開き、地域の人々の協力を得て教職員と子どもとともに学校運営にあたる他、特別な支援が必要とされる子どもも同じ教室でともに学び、育ち合う教育を具現化した。２０１５年春、45年間の教職歴をもって退職。現在は全国で講演活動などを行う。

「お会いするたびに『この人にはかなわないな』と思うんです」――。工藤勇一氏が、深い尊敬の念を込めてそう評する人がいる。大阪市立大空小学校の初代校長を務めた木村泰子氏だ。「すべての子どもの学習権を保障する」という理念を掲げ、教職員や地域の人々とともに新たな学校づくりのあり方を示した木村氏。その取り組みは『みんなの学校』として映画化され、教育関係者を中心に数多くのフォロワーを生み出している。日本の教育改革のために情熱を捧げる2人は、どのように共鳴し、何を語り合うのか。その対談模様を紹介したい。

人間は、見えやすいところばかり見るもの

工藤　木村さんが子どもたちや教職員、地域の人々と一緒に作った大空小学校には、校則や決まり事がほとんどありませんね。普通の学校には何かしらあるものなのに。

木村　掲げたのは「すべての子どもの学習権を保障する」という理念だけです。虐待

されていようが障害があろうが、どんな環境であろうが、地域の宝である子どもは誰一人として排除されてはいけない。だから「みんなの学校」なんです。校則や決まり事を作ると、教員がそこばかり見てしまって子どもを見なくなります。

木村泰子氏。

工藤　そうですよね。昔から「服装や頭髪の乱れは心の乱れ」だなんて言われていますが、私は教員になる前からそんなことを思ったことはありません。もちろん今も変わりません。

木村　教師が見るべきところは服装や頭髪ではないですからね。映画『みんなの学校』に、とある管理作業員が出てくるシーンがあります。彼は開校3年目に大空に来たんですよ。最初はピアスをして、髪は金色に染めていました。前に勤めていた中学校では欠勤が多い「問題職員」だったそうで、前任校の教頭がわざわざ私に「何も教育ができていなくて申し訳ありません」と申し送りをしてきたんです。

工藤　そんなことがあったんですか。

木村　彼にまつわる面白い話があって。学校作りに協力してくれていた地域のおばちゃんがある日、血相を変えて私のところに来たんですね。「校長先生、新しい管理作業員さん、あれはあかんわ」と言うんです。「どうして?」と聞いたら、「あんな髪の毛でピアスもして、子どもたちに悪影響やわ」と。

工藤　木村さんは何と答えたんですか?

木村　「そうなの?　それやったら、彼の髪の毛やピアスを見ないようにすればえぇんちゃう?」と。

工藤　その切り返し、いいですね!

木村　そんな彼が、ある日校長室にやって来ました。当時は管理作業員の仕事の中に、「ポストに届けられた朝刊を校長室に届ける」というものがあったんです。彼はそれについて「あんたの新聞を届けるのが俺の仕事か？」「読みたい新聞があるなら、自分で取りにいったらええんちゃうか？」と言ってきた。私はそれを聞いて「その通りや！」と言いました。

工藤　なるほど。管理作業員として定められた仕事の中に、謎のタスクがあると。

木村　ええ。彼は学校で働くにあたり、父親から「いちばん困っている子どものそばにいてあげろ。それがお前の役割だ」と言われていたそうです。でも前の学校では、「管理作業員は子どもに関わるな」と言われていた。子どもに関わるのは教員の仕事だと。それが欠勤の理由だった。

私は、朝刊が読みたいなら校長自身が取りにいけばいいという彼の意見は至極まっとうだと思いました。だから「あんたは、あんた自身の子どものための仕事をするべきやな」と言いました。真に子どものことを考えて、子どものために働く職員の一人なのだから。

工藤　おっしゃる通りですね。

木村　人間は、見えやすいところばかり見るものです。でも本当は見えないところを見ようとする大人でなければいけない。一生懸命に子どもたちのために働く彼の姿を見て、「あれはあかんわ」と言っていたおばちゃんもすっかり味方になりました。何カ月か経った頃、また校長室に来てこう言うんですよ。「彼のピアスが変わったの、気づいてはります？　前よりもお洒落になりましたよ」って（笑）。

工藤　素敵なエピソードですね。

木村　彼からは「見えないところを見るのが人として大事なことなんだ」と教えられました。それは教員も地域の方々も、もちろん子どもたちも。

工藤　今のお話を聞いて、思い出したことがあります。まだ教員になりたての頃ですが、子どもたちが靴のかかとをつぶして廊下を歩いていても、私はそれにまったく気がつけなかったんですね。よく、他の教員に「なんで工藤さんは注意しないの？」と言われたものですが、いくら言われても、なかなかそんなところには目が行かなくて（笑）。

木村　だけど「かかとばかり見る」先生が多いのよね。

工藤　かかとつぶしもそうですが、ピアスや髪染め、その他問題だと言われていることのほとんどは、「大人が問題だと言うから問題になる」のだと私は思います。教員が問題だと言えば言うほど、子どもたちはそれを意識するようになっていきます。「かかとをつぶして靴を履いたり、ピアスをしたりすることで心が乱れる」というのは大人が作り出してしまった幻想です。わざわざ問題を作り出し、結果として子どもたちに戦うフィールドを与えてしまっているようなものだと思います。

「本質を突いた仕事をする行政マン」に初めて出会った

工藤　木村さんはいつも自分の目で子どもたちを見て、大人たちも見て、みんなを元気にするために何ができるかを考えている。「書物の教育論」に頼るのではなく、ご自身の経験を通して、本質を探し出しながら行動に移しているところがすごいなぁ、と思うんです。

木村　私は45年間、子どものいる現場しか知らずに過ごしてきましたから。工藤さんは、パブリックの一校長としては周りがなし得ないことをどんどん実現していますよね。それも、すべての人を敵にすることなく巻き込んでいく。工藤さんは東京都や新宿区などの行政マンも経験されましたよね?

工藤　はい。10年間、教育委員会で仕事をしていました。

木村　私が知っている行政マンは、言葉は悪いんですが「見てるところが違うやろ」と言いたくなるような、残念な人も多かったんです。私はずっと、子どもを置き去りにする施策に対して「NO」と言ってきました。「子どもがここにいるよ」といつも言ってきたつもりです。目的と手段を混同させず、本質を突いた仕事をする工藤さんのような行政マン経験者は、45年間教員を続けてきて初めて出会った気がします。

工藤　振り返れば私は20代の教員駆け出しの頃から、「これは、何のためにやっているのか」ということを常に考えてきたと思います。最近、私がよく使っている「目的と手段」ということですね。「目的と手段」という言葉で表現するようになったのは40歳を過ぎてからですが。

木村　そういえば、前にも一度話しましたよね。「目的と手段」の重要性に気づいたのは、工藤さんも私も同じ時期、同じタイミングで。東京と大阪という離れた場所にいて、当時は知り合いでもなかったのに不思議ですね。

工藤　まったく同じ人、同じ本に出会って影響されたんですよね。文部科学省の官僚だった岡本薫*さんの『教育論議を「かみ合わせる」ための35のカギ』(明治図書)という本。

木村　そうそう。前から「工藤さんって、なんで私と同じ考えなんやろ？」と思っていたんです。まるで前世は双子だったんじゃないかと思うくらい。それでもしやと思って、工藤さんに「岡本薫さんって知ってますか？」と聞いたら「えっ！」となってね（笑）。

工藤　ああ！　と（笑）。まったく同じ本を読んで大きな影響を受けていたんですよね。私は東京都教育委員会時代に、研修会で初めて岡本さんの話を聞いたんです。

木村　私は西日本で開催されたシンポジウムでの講演がきっかけでした。いろいろなお偉方の講演を聞いて、勝手に「○×△」をつけていたんですよ。生意気にも「そんな考え方やからダメなんや」とか思いながら（笑）。

でも岡本さんの話を聞いて、そんなおごりを持った自分を忘れて一気に引き込まれたのを覚えています。でも工藤さん、知っていますか？　当時はネットで調べると、岡本さんを叩く人も結構いたんですよ。

＊岡本薫氏：他の著書に『日本を滅ぼす教育論議』（講談社現代新書）、『なぜ日本人はマネジメントが苦手なのか』（中経出版）などがある。

人の心なんて教育できるものではない

工藤　叩く人ですか？

木村　従来型の教育、30年前の社会に通用していたような教育を延々と続けている現場の人が叩いていました。岡本さんは「30年前にやっていた教育を続けていてはいけない。10年先、20年先に向けたアンテナを張らなければいけない」と指摘していた人でしたから。

工藤　私はその指摘に深く共感しました。特に印象に残っているのは「内心の自由を大切にすべき」という点で、振り返ってみればこれは、私が教員になる前から思っていたことなんです。

木村　そうなんですか。

工藤　教員になりたての頃、私は子どもたちに「『人の心がどうだ』なんてたやすく言うな。自分の心のことさえ分からないんだから」とよく話していました。でも、そう言いながらも、その頃の私はきっと心にこだわっていたのだと思います。

現在、心の教育が大切だということを疑う人はほとんどいないでしょう。でも「目的と手段」という言葉を使って考えてみれば、「良い行動ができる人間を育てること」が目的で、心の教育はそれを実現するために行う「手段」ということになります。とすれば、見えない心を鍛えることも大事かもしれませんが、本当に大切なのは「行動」です。しかし現実には、良い行動を行っている生徒に対して「内申点目当てなんじゃないか」と勘ぐったり、「あいつの心は、本当はああだ、こうだ」と非難したりすることがあります。つまりは「心」にこだわっているわけですよ。

木村　まさに目的と手段が逆転してしまっているわけですね。

工藤　そもそも、人の心を理解するなど、簡単にできることではありません。しかし良い行動なら頑張れば誰でもできる。目の前にゴミが落ちていたときに、それを拾うという行動は自分次第でできますよね。同様に、人を差別する心を完全に消し去ることはできないかもしれませんが、差別的な行動を取らないことは意識すれば誰でもできるようになる。私たちが生徒たちに大事にしてほしいと伝えるべきことは「心」じゃなくて「行動」なんです。

木村　同感です。「人の心なんて教育できるものではない」ということでしょう。講演のときにも岡本さんは「心の教育をやっている日本は、世界から笑われているよ」と簡単な言葉で教えてくれました。

工藤　世界には、文化も宗教も民族も違う人が集まる国がたくさんあります。そんな中でもみんなが平和で安全に暮らすために、海外では民主性や市民性を学ぶことが大事だと教えている。だけど日本ではずっと「心を教育しよう」という方向です。

木村　仲良くしましょうね、というのはその典型例ですよね。「子どもがケンカをするのは心が育っていないからだ」なんていう考えは、とんでもないことだと思います。私は子どもたちに、「別に友だちのことを嫌いでもええやん」とずっと言っていたんです。

で、新しく大空小学校に来た教員が子どもたちに「人を嫌ってはいけない」なんて言っているんですね。私はその教員に「なんでそう思うん？　あなたも嫌いな人くらい、いてるやろ？」と問いかけました。

工藤　岡本さんの言葉をあえて借りるならば、誰かを嫌いだと思うのは「内心の自由」ですね。

木村　はい。心の中で相手を嫌いだと思うのは自由だけど、それを口に出したり行動に移したりはしない。これが「行動の教育」ですね。子どもたちはあくまでも行動を学べばいいのであって、心の中で嫌いだと思うのはしかたがないことです。

工藤　私もまさに同じ考えです。

勝手に理想を描いて勝手に不幸になるな

工藤　私は木村さんにお会いして、「日本の教育を本気で変えなきゃいけない」という思いがさらに強くなりました。

木村　日本の教育を本気で変えなきゃいけない。本当にそうですよね。私もそう思って、この3年間で47都道府県をすべて回り、いろいろな人と話をしてきました。そうだ工藤さん、この間、ある学生と話してとても印象に残っていることがあるので聞いていただけませんか？

工藤　なんでしょう？

木村　京都の龍谷大学で90分の授業をさせていただく機会があったんです。最後に質疑応答の時間を設けていたんですが、一人の男子学生がものすごく真剣な顔で「木村さんは全国に『みんなの学校』のことを伝えて回っているけど、それで日本社会は変わったと思いますか？」と聞いてきて。

工藤　すごい質問ですね。

木村　私は思わず「うっ」と答えに詰まってしまいました（笑）。すると彼は「僕は全然変わっていないと思います。木村先生は一生懸命伝えてくれていて、僕は今日の授業が大学に入っていちばん考えさせられた時間だったけど、でも社会は変わっていないと思う。先生はここまで一生懸命にやっているのに、むなしくなりませんか？」と言うんですね。それで私は、思わず本音で答えてしまいました。

工藤　木村さんの「本音」ですか。

木村　私は大空小学校を卒業してからの1年間、無我夢中でしたが、実は2年目に同じことを考えていたんです。校長時代よりも時間がないくらい、いろいろな場所へ行って、日程さえ空いていたら誰かと会っている。でも、相変わらず日本のどこかで子どもが毎日のように死んでいくし、不登校の子どもは増える一方。障害がある子どもは就学前から振り分けられていく。「自分は一体、何をやってるんやろ」と落ち込みました。自分のやっていることは何の役にも立っていないんじゃないかと。

工藤　そうだったんですか。

木村　でもね、ふと考えたんです。そんな風に思っている自分は「どれだけおごりを持っているんだろう」と。たかだか大空小学校で9年間校長を務めただけで、「私の言うことを聞いて先生たちに変わってほしい」「世の中を変えよう」だなんて、どれだけおごっているんだろう、と。そんな気持ちを学生に話しました。
「あなたの言う通り、むなしいと思ったこともある。でも、自分の力がなんぼのもんや思う？　いろいろなところでたくさんの人に会い、対話をさせてもらってる。いろいろな子どもに出会い、耳に痛いことも聞かせてもらう。そうやってきた新しい自分に変われている。これが『学び』なんやと思う。そう思えてから、また毎日がとても楽しいのよ。だから今は全然むなしいとは思わへん」と。

工藤　私はよく「勝手に理想を描いて勝手に不幸になるな」と言うんですが、教育改革を謳っている人の中にも、そうした傾向があるのかもしれませんね。「日本のここがダメ、フィンランドやオランダのあれが素晴らしい」なんて聞くけど、だったら「フィンランドやオランダがなければ比較対象もないし、幸せなんじゃないの？」と思ってしまう。現実を受け入れて、みんなで改善する方法を考えたほうが幸せになれるはずなんですが。

木村　フィンランドやオランダは「目に見える」んですよ。本当は「フィンランドやオランダの何がいいのか」を話し合わなければいけない。校長の言うことを聞け、先生の言うことを聞けとよく言うけど、そんな子どもたちばかり育てたら、社会はとんでもないことになりますよ。先生や親の言うことを聞くことが大事なんじゃなくて、「その話の中の何が大事なのか」を考えることが大事なわけですよね。海外に目を向けるのも同じで、その取り組みの中で何が重要なことなのかを考えなくてはいけないんです。

子どもたちには「疑問形」で

工藤　大空小学校を見ていると、子どもたちに何かトラブルや困り事が起きると、先生たちは必ず疑問形で問いかけていますよね。

木村　はい。もし子どもが忘れ物をしたら、教員は「あ、そうなの。じゃあどうする？」と聞きます。すると子どもたちは自分で考えて、「先生に借りる」「友だちに借りる」などの対応策を考えるんです。

工藤　教員が「私はどんな手助けができる？」と問いかけることで自発的に考えさせていると。

木村　こうした関わり方がとても大切だと思います。例えば子どもが、授業中に教室から飛び出してしまったとしますね。そこで教員が「何してるの！　教室に戻りなさい」とすごい顔で叫ぶと、周りの子どもたちは「あの子は迷惑な子なんだ」と刷り込まれてしまうんです。こうした一瞬の出来事の積み重ねで、子どもたちは学びを奪われていく。特に小学校1年生の子なんて、想像以上に先生の言うことに影響を受けるんですよ。

工藤　感性が柔軟だから、それだけ大きな影響を受けてしまうわけですね。

木村　はい。もしそんな場面があったら、大空では「あの子、なんで出ていってしまったんやろ？」と必ずみんなで考えます。すると「あいつ、頭の中がごちゃごちゃになってしまったんやろな」と誰かが言う。私も実際に体験したんですよ。

「先生、今日は教科書を一人ずつ音読しようって言うたやろ?」

「いつもみんなで音読するのに、なんで今日だけ一人ずつなん?」

「いつもみたいにみんなで音読やったら、あいつ出ていかんかったと思う」

「先生、もう1回やり直しやな」

そんな風に子どもたちから言われて(笑)。教員も失敗から学びを積み重ねていくんです。

工藤　いや、本当に木村さんにはかなわないなぁ、と思います。私も頭の中ではいろいろ考えてやってきたつもりですが、木村さんにはかなわない。今の話で思ったんですが、教員から出る言葉が「排除の言葉」になっていることに教員自身が気づかないこともたくさんありますよね。

木村　まさに。言葉だけの指導は、子どもには浸透しないんです。でも教員はすべて言葉で指導しようとする。もし「この子は障害があるんだよ」と教員が言えば、聞いている子どもたちは10人10通りのとらえ方をします。「人権が大事だ」と教員が言っても、それを聞いている子どもたちの人権のとらえ方はバラバラ。みんな違うのに、ひとまとめに言葉を発して「先生の言うことは終わり」と。

工藤　それで、「先生の言うことを聞きなさい」という指導に入ってしまうわけですね。

木村　はい。言葉だけの指導は一瞬で暴力に変わってしまうこともあります。それが原因で、実際に子どもが亡くなってしまったこともあるんですから。

工藤　だからこそ木村さんが言うように、疑問形で子どもたちに投げかけ、自分で考え、自律のスイッチを押せるように導くことが必要なんですよね。そういう意味で日本の教育は、残念ながら真逆の方向に行ってしまっていると思いませんか？「きめ細かな指導」という言葉のもとに、あれやこれやと丁寧に大人が面倒を見すぎている。

しかし、手をかければかけるほど生徒は自分で考えることをやめてしまいます。

つまり自律を失っていくんです。そして自律を失った子は、何かうまくいかないことがあると、手をかけてくれない大人を恨み、手のかけ方が悪いと非難するようになってしまいます。子どもたちのためによかれと思ってやっていることが、実はまったくそうなっていない。

木村　それこそ「その教育の目的はどこに置いているの？」と問いかけてみなければいけませんね。そうすれば、「きめ細かな指導」というような、よく分からない謎の言葉は使われなくなっていくんじゃないでしょうか。

第3章

「自律」の力を身につけた生徒たち

社会に出たら、何もかも指示されるなんてことはない

中学時代のことを思い返すとき、私の場合は折々で実施された学校行事が強く印象に残っている。文化祭では学年出し物の劇で主役に抜擢されたり（人間のように意志を持つネコたちが活躍するストーリーで、私の役名は「にゃん太郎」だった）、運動会では応援団長を務めたりと、それなりにスポットライトが当たる役回りを任せてもらったことが思い出になっているのだろう。ただし、いずれも自分から手を挙げたものではなく、先生からの指名で「やらざるを得ない」役回りだったことも覚えている。

そんな自身の経験のみをもとにして語れば、学校行事とは先生たちが考えて努力し、

形にしてきたものだったように思う。当日の主役が生徒であることには間違いないのだが、それはあくまでも演者であり、舞台の裏方は先生たちが務めていた。生徒会や応援団のメンバーたちはさまざまな企画を考え、運営していたけれど、その方向性は結局のところ職員室の指示に従っていただけだったのだ。

そんなことを思い起こしながら麹町中学校の取材を続けていた2018年、私は何度となく、衝撃の光景に立ち会うこととなった。

工藤校長からは「麹町中の行事は生徒たちだけで企画・運営されているものが多い」と聞いていた。自分たちの頭で考え、行動できる大人に育ってほしい。そんな思いから、生徒の自主性に委ねている行事が多いのだと。「自律」を重視する上で、そうした学校運営をすることはよく理解できる。ただ実際のレベル感は別だと思っていた。大人が介入せずに作られた行事が、はたしてどの程度のレベルなのかと……。

そんな風に高をくくっていたことを、私は後々、大いに反省することとなったのだった。最初にそれを目撃したのは、2018年度の麹町中学校体育祭だ。

「社会に出たら、何もかも指示されるなんてことはない。だから自分たちで考え、実行する力を身につけてほしい」

生徒たちにそう語った工藤校長は、体育祭に向けて一つの大きな目的だけを共有し、あとはすべてを委ねたという。そのメッセージを生徒たちはどのように受け止め、行動したのか。体育祭で中心的な役割を務めた4人の生徒に会い、率直な気持ちを聞かせてもらう機会を得た。

先生や親への忖度は一切なし

薄曇りに日が差し込み、絶好の運動日和となった5月下旬の土曜日。私は体育祭会場である麹町中学校のグラウンドを訪れた。そこにはすでに多くの保護者が観覧に訪れていた。

体育祭や運動会といえば、最初の目玉は「開会式の入場行進」だ。幼稚園や保育園、小学校、そして中学校と、きれいに並んだ子どもたちが整然と入場するさまが見られるのは、この手のイベントにつきものの光景だろう（それは同時に、保護者たちにとって絶好のシャッターチャンスでもある）。考えてみれば、4年に一度のオリンピックだって開会式は選手たちの入場行進で始まり、その様子は全世界に中継されて盛り上がるのだ。

ところが、この日の体育祭ではそれがなかった。正確に言えば生徒たちは入場するのだが、その入り方がバラバラなのだ。全力で走る生徒もいれば、友だちとにこやかに話しながら歩く生徒もいる。列もなければ、ルールもない入場だ。見る人が見れば「けしからん！」と息巻いてしまいそうな光景かもしれない。

生徒たちが集合した後は工藤校長が立ち会い、選手宣誓が行われる。生徒会長のあいさつに続いて、全校生徒を二分する東軍・西軍それぞれの応援団がエール交換を実施。いずれも学ランを身にまとい、エールや振り付けは「いかにも応援団」といった風情の昔ながらのスタイルだ。

生徒たちが自ら考えたという種目には物珍しいものが多い。特に異色だと感じられ

ピコピコハンマー騎馬戦。

たのが「ピコピコハンマー騎馬戦」。1試合ごとに東軍・西軍の大将を取り巻く形でたくさんの「騎馬」が出陣し、大将が身につけるヘルメットの上に付けられた風船を先に割ったほうが勝ちというルールだ。一直線に相手方の大将を目指して突進したり、他の騎馬が大将を取り囲んで超守備的な布陣を敷いたり……。それぞれの戦略も楽しめる、見応えのある種目だった。

時間の経過とともに観覧する保護者の数が増えていく。限られた観覧エリアはやがて大混雑となり、レジャーシートを敷く場所が見つからず立ち見を続ける人もちらほら。グラウンドの両脇には過去にＰＴＡが寄贈した大型テントが設けられているのだが、保護者は使用できない。「生徒以外立ち入り禁止」と大きく標示され、あくまでも生徒のための場所として使われていた。部外者としては、ちょっと保護者をぞんざいに扱い過ぎではないだろうか……と心配になってしまうくらい、「生徒ファースト」が貫かれていると感じたのだった。

記憶の片隅から、自身が体験した中学校の運動会の風景を思い出してみる。目の前で行われているイベントは明らかにそれとは違う。多くの生徒が全力でこの祭を楽しんでいる。やらされ感は見えないし、先生や親への忖度めいた演出も一切ない。

生徒たちは、どのようにしてこの日に向けた準備を進めていったのか。

誰もが笑顔で参加できるのが「祭」

「中学校の体育祭といえば、普通は教員が主導して準備を進めるものだと思います。

でも麹町中は完全に生徒主導。私たちはほとんど口出ししていません」

ある教員はそう説明しながら、体育祭の企画・運営に携わった主要メンバーを紹介してくれた。大きな役割を果たした「企画委員会」と「実行委員会」の中心的生徒たち、そして東軍・西軍の各応援団長だ。

生徒会長であり、企画委員長も務めた荒川聡太郎さん（3年生）は、この大役を務めるにあたって工藤校長から「観客のことは考えなくていいから、自分たちが楽しめるように企画してほしい」とオーダーされた。「誰かに見せるための体育祭じゃない。君たちの内輪ウケでもいい」と。あのバラバラの入場行進の背景にも、この言葉があったのだという。自分たちが楽しむことだけを考えれば、確かにきれいにそろった入場行進などは必要ないだろう。

「以前の反省もあります。昨年の体育祭には徒競走などの個人競技やクラス対抗競技があり、みんなが勝ち負けにこだわり過ぎてゴタゴタしてしまった印象がありました。審判役の先生に『今のはミスジャッジだ！』と抗議する生徒も。運動が得意な人は楽しめるけど、そうじゃない人は脇役になってしまうという感じも嫌だな、と思っていました」

だから、「自分たちが楽しめるように」という校長のメッセージはすっと腹落ちしたのだという。チーム分けを見直し、全校を二分する「東軍・西軍」へ。くじ引きで所属を決める一方、運動を得意とする生徒がどちらかに固まりすぎないようにするという調整も入れた。

誰もが楽しめるように種目も一から考えた。ルールはすべてオリジナル。前述の「ピコピコハンマー騎馬戦」は、安全面を考慮しつつ、運動が苦手な生徒も戦略を考えることで一緒に楽しめるようにと生み出されたものだった。「昨年と同じことはほとんどやっていません」と荒川さんは話す。

こうした企画プロセスの根底には、同じく自分たちで考えた一つのコンセプトがあった。

〝With Smile～楽しいが聞こえる体育祭〟

「祭」はみんなが楽しめなければ成り立たない。運動が得意な人が輝き、そうでない人も笑顔で参加できる体育祭にしたい。

実行委員長を務めた宮本明輝（はるき）さん（3年生）は、このコンセプトを大きな目的と置いて準備したプロセスを振り返る。悩みどころだったのは、昨年まで目玉種目の一つとして存在していた「3年全員リレー」だった。その名の通り、学年全員参加で勝敗を決める種目だ。これを残すべきなのか、廃止すべきなのか。「With Smileでみんなが楽しめるようにする」という大きな目的にはそぐわないように思えた。

「生徒全員を対象にアンケートを取ったら、『全員リレーをやりたくない』という声が意外と多かったんです。でも『やりたい』という人も、もちろんたくさんいました。続けても、なくしても、みんなが楽しめるようにはならない。そんな議論をした結果、今年は有志リレーという形にしました」

単純に多数決で物事を決めるのは簡単だ。しかしそうはしなかった。少数意見も取り入れなければ、「みんなが楽しめるように」という目的から外れてしまう。「目的から逆算して手段を決める」というのは、常日頃から工藤氏が伝え続けていること。生徒たちは悩みながらも、この大原則に沿って答えを出していったのだった。

「答も式も自分たちで考える」という感覚

体育祭を大いに盛り上げた応援団も、生徒たちが自ら考え誕生したものだ。クラス対抗で行われていた昨年までは、そもそも応援団がなかったのだ。

東軍応援団長を務めた前田頼斗（らいと）さん（3年生）と、西軍応援団長を務めた吉川奈緒さん（3年生）は、まったく前例がない中でリーダーの重圧と戦いながら本番までの日々を過ごした。

「応援団のエールや振り付けは、ネットの動画をたくさん見て真似をしました。『どうせならガチでやりたい』と思って研究したんです」と吉川さんは話す。代々受け継がれてきたかのように見えたあの応援団の動きは、実は動画視聴サイトを教材にして学んだものだった。

東軍の前田さんは、前例のない応援団作りの苦労話を教えてくれた。

前田頼斗さん。

「『みんなが楽しめるように』という目的ははっきりしているけど、そのために何をするかで応援団メンバーの意見が分かれることもありました。みんなの意見を取り入れていかなきゃいけないけど、団長の役割を果たすためには自分の意志もはっきり伝えなきゃいけない。エールの方法や振り付けの動きを議論したときには、たくさんのアイデアが出て、最終的に自分がきっぱり決めなければいけない場面もありました」

2人の苦労は、20名弱の応援団メンバーを率いることだけにとどまらない。全校生徒を二分した、東軍・西軍それぞれ約200名の生徒たちにもエールを教えていかなければならないのだ。グラウンドを使って全体の隊列練習も行ったが、雨が続いて予定をつぶされてしまうこともあった。

「応援団が前に出て全校生徒の前で発表する機会があったんです。声出しの練習を兼ねて全員でコールをしようとするんですが、最初はみんな恥ずかしがって声が出ませんでした。『ここで盛り上げられないと当日は楽しめない』『自分たちが楽しめれば、見てくれる人も楽しんでくれるはず』と思いながら、応援団のメンバーと一緒に頑張りました」（吉川さん）

体育祭の当日は、2人の団長を中心にして会場から大きなエールが聞こえていた。何もかも初めてづくしの応援団の挑戦は、見事成功したのだった。

ここまで自分たちで考え、やりきった背景には、工藤校長からの力強いメッセージがあったのだという。前田さんは「社会に出たら、何もかも指示されるなんてことはない。だから自分たちで企画し、自分たちで実行してほしい」という言葉が強く印象に残っていると話す。

「よくテストであるような、『先に答を出されて式を埋めていく』という感じではないんです。『答も式も自分たちで考える』という感覚です」

そんな先輩たちの姿を見て、後輩も刺激を受けているようだ。応援団に参加したある2年生男子は、「種目もルールも応援団も、最初から決められているものだと思っていました」と振り返る。「自分たちで自分たちの体育祭を作るのは大変だとも思っていましたが、やってみるととても面白かった」とも。

来年以降も麹町中で体育祭が開催されるかどうかは分からない。もし開催されるとしても、今年とはまったく違う風景になっているのかもしれない。

先生たちも挑戦を楽しんでいるように見える

「社会に出たら、何もかも指示されるなんてことはない。だから自分たちで企画し、自分たちで実行してほしい」

工藤校長のメッセージを体現するかのように体育祭を準備し、成功させた生徒たち。彼らの目には、今の大人はどのように映っているのだろうか。最も身近な存在として「先生たち」の印象を聞いてみたので、ぜひ紹介したい。最低限の編集を加えているが、脚色はない。

「体育祭だけじゃなく、自分たちで企画する修学旅行なども、先生たちはほとんど関わりません。でも私たちが困っているときには、遠くでいろいろと考えてくれているのが伝わってきます。『あの子たちはこういうところで困るんじゃないかな』と、先を見て考えてくれているのを感じます」（宮本さん）

「自分たちで考えるというスタイルにさせてもらっていることにありがたみを感じています。ヒントは与えてくれるけど、答は教えてくれないという感じです。例えば体育祭なら、『みんなが楽しめる』という目的に沿って自分たちで企画できる。この

環境に報いたいという思いがあります」（2年生男子）

「いろいろと自由にさせてもらっているな、と思います。自由な分だけ厳しいところもあるけど、とにかく自由。先生たちも自由で、過去のことにとらわれていません。『先生はその自由さが逆にきついんだろうな』とも思います。だけど楽しそう」（吉川さん）

「先生たちもまだ、この学校の独特の環境に慣れていないんだと思います。新しいことや難しいことに取り組んでいて、先生も挑戦している感じ。それがきつそうなんだけど、楽しそうに見えます。きついことや経験のないことをやるからこそ、楽しみが生まれていくんじゃないかと思いました」（前田さん）

「麹町中は、先生同士の仲がとても良いことが伝わってくる学校です。生徒同士が仲良くできるよう、先生たちも協力しているから、自然と仲良くなれるのだと思います。自由な風土の中で、『忙しそうだけど楽しそうだな』という印象です」（荒川さん）

きつそうだけど、忙しそうだけど、先生たちは楽しそう――。自分の頭で考え、悩みながらも前に進む大人を見ているからこそ、麹町中の体育祭は「生徒のもの」として生み出され、形になったのではないだろうか。

生徒たちの言葉は、工藤校長がすべての教員、そして保護者と共有する「麹町中の最上位目標」とリンクしているようにも思う。

「世の中まんざらでもない。結構大人って素敵だ！」

麹町中の改革は、着実にその実を結びつつある。

決まり事を否定していくことで、より良いものが生まれる

生徒がどこまでも自分たちの頭で考え、実行する。そうして形作られる学校行事として、5月に開催された体育祭と双璧を成すイベントが10月の「麹中祭」だ。一般に文化祭や学園祭と呼ばれる行事に当たるもので、2018年度は10月末の土曜に開催

された。

会場の体育館には、開演時間前から数多くの保護者が詰めかけていた。場内は、ざっくりと分けて前方ステージ側に生徒席、その後ろに保護者席がレイアウトされていた。よくよく見てみると、埋め尽くされた生徒席のさらに前方は空席となっている。

その理由はアナウンスによってすぐに分かった。

「場内前方には、交代でお座りいただける保護者優先席を設けています。該当する出し物の際にはぜひご利用ください……」

今回の麹中祭は、大きく分けて2部構成となっている。一つは各クラスが自由に選曲した合唱と、各学年による合唱。そしてもう一つは文科系部活動やサークル、校内オーディションで選ばれたチームによるステージ。クラスや学年、発表団体が入れ替わるたびに、その保護者も最前列で観られるよう配慮して設けたのが「保護者優先席」というわけだ。

観覧者への配慮は、会場入り口に貼り出された「プログラム表」からも見てとれた。

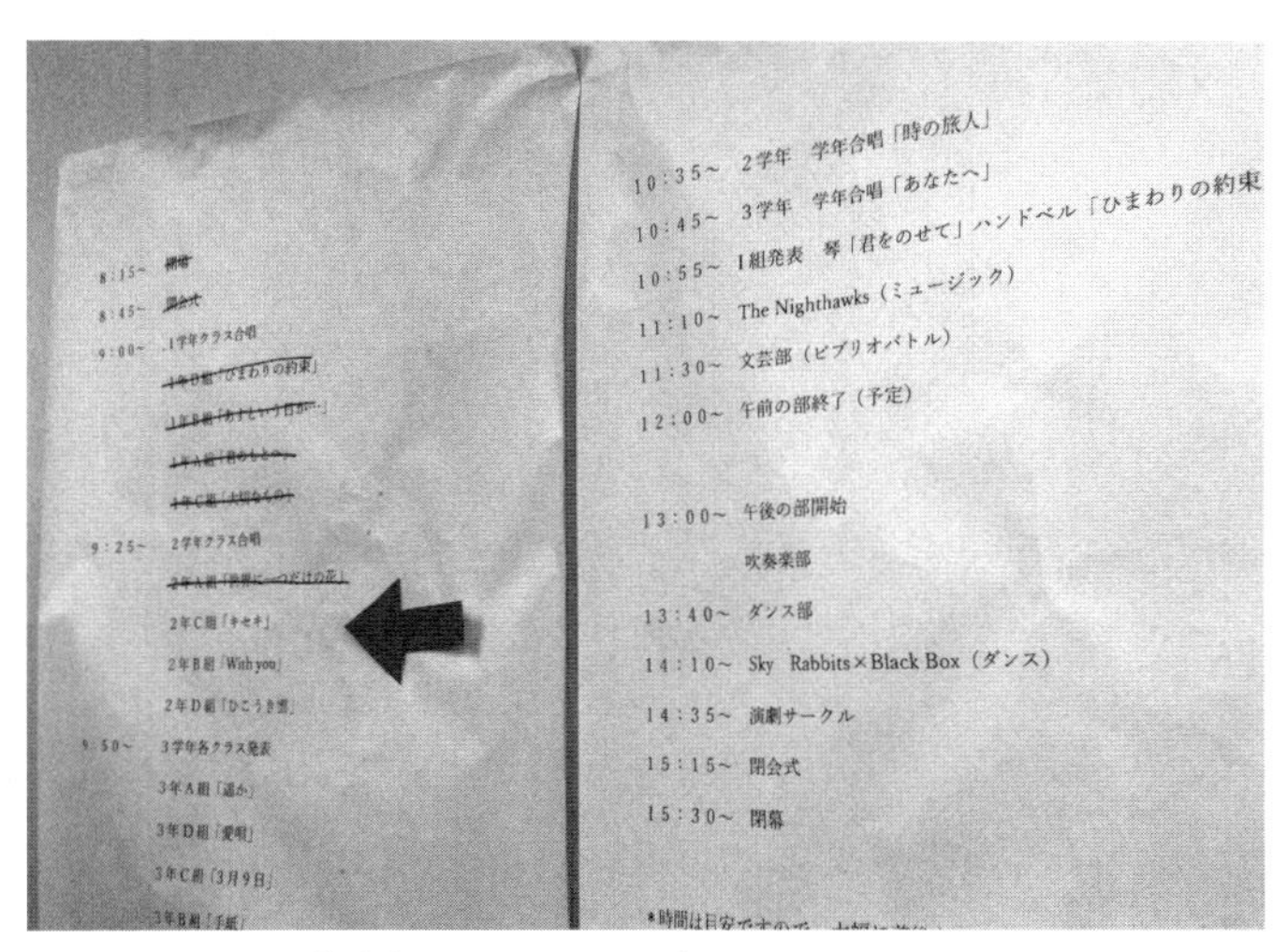

体育館に貼られた麹中祭のスケジュール表。

演目が進んでいくと、実行委員の生徒によって現在のプログラムに矢印のマークが表示されるようになっていたのだ。これは、仕事などの都合で冒頭から会場入りできない保護者のために設けた工夫だという。確かに、途中から来場した人にとっては「プログラムがどのあたりまで進んでいるのか」を知るのは難しいもの。当日はこの心配りに助けられた人も多いのではないだろうか。

このあたりの運営スタンスは、清々しいまでに生徒ファーストが貫かれていた体育祭とは大きく異なるように感じられた。「自分たち（生徒）が楽しむこと」を最優先にしていた体育祭では、そもそも保護者席の用意さえなかったのだ。

「事前に聞いていた通り、体育祭とは真逆のスタンスなんだ」と私は思った。同じ学校のイベントなのに、目的が変わればこんなにも違った表情を見せるものなのか、と。

私はこの日に先立ち、準備を進める生徒の様子も取材させてもらっていた。すべては生徒たちが自分で考え、実行していく。その前提として工藤校長から示されたミッションは「観客のみなさんを楽しませる」ことだった。自分たちが楽しむ体育祭とはまさに真逆で、麹中祭は観客を楽しませることが最優先なのだ。

生徒たちはこの最上位目標を共有し、当日を迎えた。

観客を一瞬も飽きさせないアイデア

客電が落ちると、観客の視線は舞台の大型スクリーンにくぎ付けとなった。上映さ

麹中祭オープニングムービー。先生、怒る！

れたのはこの日のために生徒有志が制作した「オープニングムービー」。2018年に大ヒットしたJ-POPや映画のパロディで、生徒が次々とダンスを披露していく。会場がひときわ沸いたのは工藤校長が登場し、校長室で踊っているシーンだった。他にも先生たちが登場する場面が随所に盛り込まれていて、生徒席からの歓声も止まらない。

「何これ、超レベル高いね……」

保護者席の周辺からは、そんな

驚きの声が聞こえてくる。私も同感だった。誰もが分かるように流行を押さえて、学校中のさまざまな景色や登場人物を生かして作り込まれた映像は、編集クオリティも素人レベルとは思えないほどだ。

工藤校長をはじめ、麹町中学校の教員の方々から何度も話を聞いてきた立場としては、何気ない替え歌の歌詞にも、はっとさせられるものがあった。「麹町中学校に言いたいことがある！」として、学校のちょっとおかしな部分をユニークに紹介していく流れの中で出てきた一節だ。

「昼休みにベランダで遊んでいたら　先生にめっちゃ叱られる〜♪」

映像では歌に合わせて、実際に先生がベランダで遊ぼうとする生徒を鬼のような形相で叱るという演出が組まれていた。服装や頭髪のことで口うるさく言うことはないけど、「生徒の命に関わること」は絶対に妥協せず、厳しく注意していこう……。職員室で共有されている先生たちの思いは、生徒にもしっかりと見えているのではないか。そんな風に思わされたのだった。

オープニングムービーに続いては、生徒会長のあいさつとともに麹中祭のテーマが発表された。「Yourself～楽しみ方は自分しだい～」。観客を楽しませるという最上位目標に沿って生み出されたテーマだ。観客の中には生徒一人ひとりも含まれている。自分自身が全力で楽しむこともまた、最上位目標に向けて必要なことなのだろう。

演目は自由に曲を選んだクラス合唱から始まる。昨年は勝ち負けを決めていたが、今年はそのルールをなくした。これも「楽しみ方」の一つだ。その後は各学年による合唱や、特別支援学級の生徒による琴とハンドベルの演奏、オーディションで選ばれたバンドやダンス、さらに吹奏楽部やダンス部、演劇サークルなどが登場した。いずれも、中学校の文化祭とは思えない、非常に高いクオリティだった。

舞台の転換中も、観客が手持ち無沙汰になることはなかった。今年から導入されたという「幕あいの演出」が花を添えたからだ。アニメソングのイントロクイズや「あっち向いてホイ」大会、フラダンス、腕相撲大会、バイオリンとシンセサイザーによる演奏、居合道演舞など、限られた時間で趣向を凝らした出し物や演目が多数用意さ

幕あいの演出として、居合道の演舞も披露された。

れていた。大人の世界でよく見られるような「宴会芸」とは一線を画す、高いレベルのパフォーマンスと円滑な運営に圧倒されるばかりだった。

この場にいると、どうしても信じ難く思えてしまう。心から楽しめるこの「祭」は、すべて生徒たちの手で企画され、準備されたものなのだ。

できるかできないか、はっきり言ってよ

生徒で構成する麹中祭の実行委員会が動き始めたのは、開催からさかのぼること3

カ月、夏休みに入る頃だった。

「動き出しは遅かったんです。昨年は体育祭が終わった後の6月頃から準備を始めていたんですが、今年は学校全体のいろいろな事情が重なってしまって……。実行委員会が正式に活動を始めたのは9月からでした。もともと2日間を予定していた開催日程も1日に短縮となってしまいました」

春木環奈さん。

実行委員会の主軸を担う報道局のリーダーであり、実行委員長も務めた春木環奈（えこな）さん（3年生）はそう話す。意外なことに、あの祭から数日を経て話を聞いた際には、まず「反省点」から語られたのだった。

冷静に当日までの段取りを振り

返るのは春木さんだけではない。
同じく報道局のメンバーであり、実行委員会でも存在感を発揮した豊田麗さん（2年生）も「個人的には後悔が残っています」と言う。

「麹町中学校は生徒主体の学校だと言われています。それなら僕たちは、先生たちの事情とは関係なく、6月くらいから勝手に動き出すべきだったんじゃないかと思うんです」

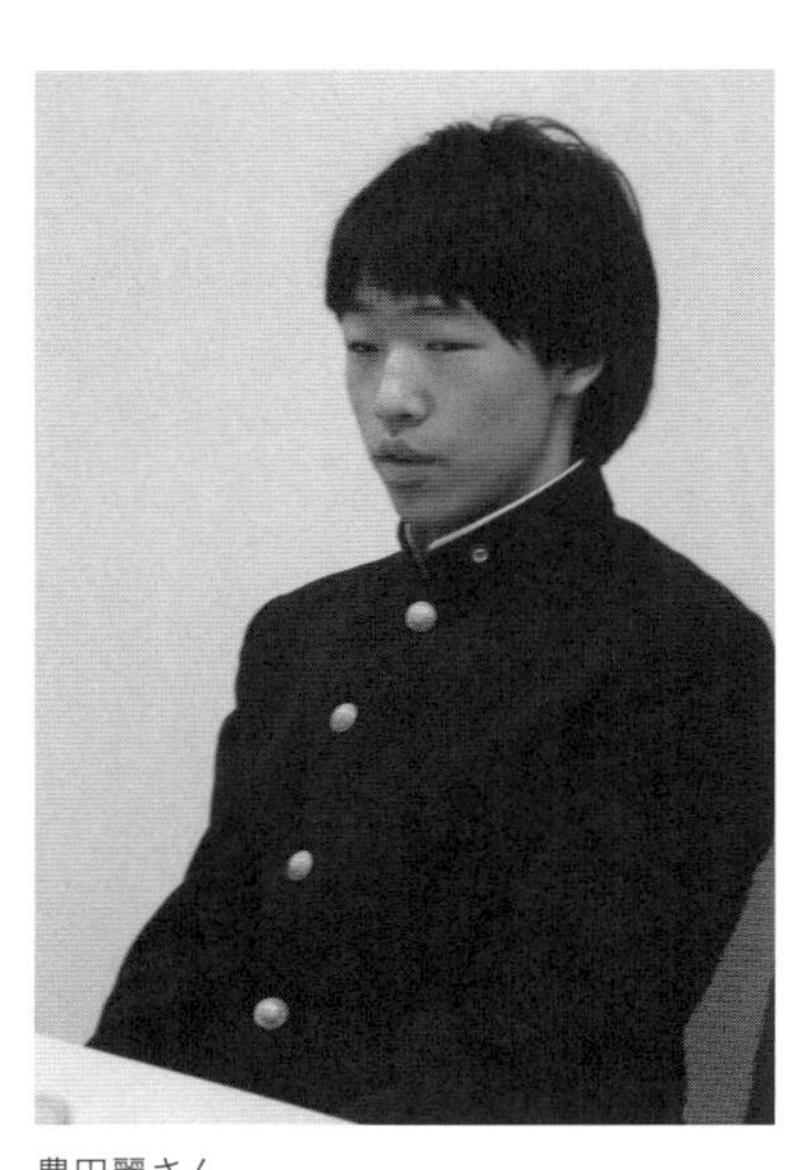
豊田麗さん。

限られた時間の中で、観客を楽しませるためにやるべきこと、やらなければならないことはたくさんあった。実行委員会に集まった有志の生徒は約60名。これを「舞台班」「報道班」といった役割ごとにチーム分けし、それぞれの進捗を確認しながら進めていった。音響も照明の出来栄えも、すべて自分たち次第だ。

「『頑張る』じゃないんだよ。できるかできないか、はっきり言ってよ」

準備期間中、私たちが実行委員会の会合を見学させてもらった際には、そんな言葉が飛び交う緊迫した場面にも出くわした。

「期限が迫っていて、確実に進めなきゃいけない。そんなときにあるチームの進捗を聞いたら『遅れているけど頑張る』という返事だったんです。でもそれだけだと、助けが必要なのか、必要だとすれば何をしてほしいかが分からないじゃないですか。だから『できるかできないかをはっきりさせてくれ』と言ったんです」

豊田さんはそう話す。何とも身につまされる話だ、と私は思う。

困難な状況に直面して、つい「頑張ります」と言ってその場のプレッシャーから逃げてしまうことは、大人でもよくあることだろう。大人たち同士は何かを察して、それ以上の追及をしないこともある。その「なあなあ」の先にはより深刻な事態が待ち受けていることを予見しながら、だ。

しかし春木さんや豊田さんをはじめとした実行委員会のメンバーは、「なあなあ」

に陥ることなく徹底的に詰めた。だからこそ、あの会合には張りつめた緊張感があった。そしてそこに、先生は一人もいなかったのだ。このリーダーシップはどこから生まれたのだろう。

問題を感じれば指摘するのは当然

忌憚なく意見し合ったのは実行委員会の中だけではない。「観客を楽しませる」という大きな目的に向かって、舞台の出演者たちとぶつかることもあったという。豊田さんは演劇サークルとの間の議論について明かしてくれた。

「もともと演劇サークルからは『持ち時間を50分ほしい』と言われていました。でもリハーサルを見た結果、『観客としては、50分は長過ぎる』という話をしたんです。観客目線の実行委員会と、演者として伝えたいことにこだわる演劇サークルでぶつかった形です。いろいろと議論して、結果的には40分という持ち時間に落ち着きました」

観客から驚嘆の声が漏れるほど高いレベルのパフォーマンスが続いたのは、生徒たちが独自で開催し、厳しい目を投げかけたオーディションの成果でもある。しかし春木さんは、そのあり方にさらなる問題提起をする。

「有志で組むバンドやダンスチームはオーディションで選ばれなければ出演できません。一方で、吹奏楽部やダンス部、演劇サークルは、オーディションに関係なく出られるんです。そうした特権はどうなの？　という議論もしました。どうやって観客を楽しませるかを問わなきゃいけないのに、パフォーマンスの中身は任せっぱなしになっているという問題もあります」

2人はどこまでも冷静だ。学校の公式活動である部活動からの出演のあり方に異議を唱えるのはなかなか勇気がいることだとも感じるが、豊田さんは「問題を感じれば指摘するのは当然だと思います。対立があって議論になるのも当然の流れ。特に『言いにくい』とか感じることはないですね」と言う。

私としては、実行委員会の会合を見ていて驚いたことがもう一つあった。誰もが

「ため口」で会話しているのだ。上級生に対しても敬語は一切使わない。例えば2年生の豊田さんも、3年生の春木さんに対して完全に「ため口」である。

「麹町中はもう、そんな感じです（笑）。先輩も敬語を使われるのには慣れていないと思います。だから上級生のほうから『ため口でいいよ』と言うんです。私はもともと上下関係がはっきりしている感じが嫌いなので、このスタイルがいいですね」

そう春木さんは教えてくれた。豊田さんもうなずきながら話す。

「僕は剣道部で、基本的に礼儀作法の大切さは理解しているつもりですが、会話はため口が普通ですね。相手が3年生だからといって遠慮することは一切ないです。逆に、意見の対立が起きて議論している状態で敬語を使うほうが難しい。もしエキサイトし過ぎたら、周りがちゃんと止めてくれます（笑）」

企画委員会として集まっているのだから、オープンな話し合いができなくなったら何の意味もない。ため口にはそんな背景もあるのだと2人は語った。

そもそもリーダーシップって必要なんでしょうか？

「まもなく開演でーす！　お早めにご着席ください！」

生徒だけでなく、保護者も数多く訪れた麹中祭。にぎわいと混雑の中、当日は運営を円滑に進めようとする春木さんの声が会場内外に響き渡っていた。入り口付近でふざけ合っている生徒にも「早く中に入って！」と呼びかける。このリーダーシップはどこから生まれたのだろう。改めて春木さんに問いかけてみる。

「あんな風に、その場の状況に合わせて臨機応変に動く力は、麹町中に入ってからの3年間で磨かれたものかな？　という気がします」

「その臨機応変さに反対な部分もあるけどね。強制的に人を会場に入れたら『祭』じゃなくなるじゃん。本当の祭はみんなが好き勝手に楽しむものでしょ？」

またしても冷静に疑問を投げかける豊田さんを見て苦笑しながら、春木さんは続けた。

「うちの学校の場合、ああいう場面でも先生が何かを言うわけではないんです。だから自分が声を出さなきゃいけないと思いました。前は友だちの目を気にして、あんな風に大きな声は出せなかったけど……。２年生のときも報道局で文化祭準備に関わり、そのときに吹っ切れた感じです」

以前と比べて、日常生活でも「思っていることをはっきり言うようになった」と感じているという春木さん。

「ただ、『リーダーシップとは何か？』と聞かれても正直難しいですね……。みんなをまとめる力だとは思いますが、そもそもリーダーシップって必要なんでしょうか？一人ひとりが自分の責任を全うしていけば、リーダーがいなくてもまとまると思うんですよね」

一人ひとりが自分の責任を全うする――。そのメッセージは、実行委員会の会合でも春木さんから発せられていた。

「特に役割を持たない人も、友だちの誰かを手伝ったり、会場で困っている人がいたら話しかけたりと、できることが必ずあると思います。それを周りの友だちにも伝えてください」

楽しみ方が自分次第なら、リーダーシップの発揮の仕方も自分次第。そんな実行委員長の思いが結実したのが、あの祭だったのだろう。

来年はまったく違うものになる

盛り上がりの余韻に浸る間もなく、生徒たちの目はすでに「次の麹中祭」に向けられている。

「先生とはもう、来年の話をしています。今年度中の2月頃から準備を始めるつもりです」

そう豊田さんは話す。

祭なんだから、席も自由でいいんじゃない？　体育館だけではなく校内のいろいろな場所を使って、複数会場で同時刻にさまざまな出し物が見られる「フェス形式」はどうだろう？　オーディションをするのはジャンルが重なるものだけにして、あとは好きなように出演してもらうのがいいんじゃないか？

さまざまなアイデアが生まれ、また新たな議論が始まろうとしている。

「なぜか恒例のようになっているクラス合唱と学年合唱をなくすという案もあります。歌いたい人は有志でやればいい。逆に『続ける意味があるの？』という気もするんです。僕は基本的に、今の決まり事をまず否定していくことで、より良いものが生まれると思っています。それがさらに否定されるようなら続けていいのかもしれない。そんな風に議論していきたいです」

来年の麹中祭は進化というより、まったく違うものになると思います――。そう言って豊田さんは目を輝かせた。

修学旅行を変えたら、大人顔負けの「企画とプレゼン」が生まれた

もう一つ、麹町中学校の特筆すべき取り組みとして紹介したい行事がある。従来の修学旅行を見直し、社会で通用するスキルを学ぶ場として設けられた「ツアー企画取材旅行」だ。独自のツアー企画を考えるというミッションのもと、千代田区立麹町中学校の3年生は京都・奈良の観光スポットを訪ね歩き、世界に1冊しかない旅行パンフレットを作った。SNSからトレンドを感じ取って企画を立て、慣れた手つきでパワーポイントの資料を作り、それぞれの得意領域を生かして準備を進め、観衆を楽しませるプレゼンテーションで企画の魅力を伝える。中学生離れした力を発揮する生徒たちは、どのような学びを得て成長しているのだろうか。

SNSガチ勢の外国人を「#和映え」で惹きつける

「私たちが今回提案するコンセプトは『和映え（わばえ）』です」

2018年10月に行われた麹町中学校の「ツアー企画取材旅行発表会」。生徒たちが次々とプレゼンテーションを行う演壇には、この日、全24チームの中から最優秀賞であるプレゼン大賞に選ばれた5人が立っていた。パワーポイントで制作されたスライドに映し出されるのは、自分たちで京都・奈良を巡り、撮り貯めた数々の写真。そしてその体験をもとに構成した「1泊2日の旅行企画」だ。

「日本を訪れる外国人旅行客の数は年々増え続け、ここ数年は特に急増しています。彼らはインスタグラムやフェイスブック、ツイッターなどのSNSを活用して、日本での思い出を写真で共有します。そこで私たちは、外国人が『#和映え』というハッシュタグ[*1]でSNSにアップしたくなるようなスポットを巡る旅行プランを提案します」

スライド資料には大きな文字で企画タイトルが現れた。

今どき和風が流行るのよ!!
#外国人向けSNSの旅

ターゲットは、「SNSガチ勢外国人」[*2]。そしてこの企画の目的は「京都・奈良の日本らしい魅力を『#和映え』というハッシュタグで世界へ発信すること」だと説明する。

ツアーは、地理に明るくない外国人でも効率的に移動できるよう、南から北へ向かうシンプルなルートで設計されている。奈良公園（奈良市）を出発し、東大寺（同）へ。京都府へ入って宇治市で抹茶ラーメンと抹茶餃子を楽しみ、老舗の和菓子店で和菓子作りを体験した後は清水寺（京都市）を散策する。いずれも、思わず写真を撮りたくなる景色やアクティビティのある場所だ。

これらの代表的な観光地を巡った先にある旅のゴール地点は、京都市右京区の車折（くるまざき）神社。芸能人が芸事の成功を願って訪れ、人気アニメキャラクターを描いた玉垣なども奉納されていることから、「日本のエンタメ文化が大好きな外国人にぜひお勧めしたい和映えスポット」として選んだのだという。

一度聞けば忘れないであろう「和映え」というコンセプト。そして外国人旅行客の嗜好を的確にとらえたコンテンツは、発表会の審査員として参加していた大手旅行代理店の社員も思わずうならされたのではないか。

プレゼンのクオリティの高さにも驚かされた。代わるがわるマイクを握る5人の生徒は、原稿を読むことなく、観衆へしっかりと視線を向けて語りかけている。さらにパワーポイントの資料には、見やすさはもちろんのこと、伝わりやすさを意識した工夫も数多く盛り込まれていた。

例えば、東大寺南大門の金剛力士像を「筋肉むきむきのボディービルダー体型」と紹介し、それと比べて細身である興福寺国宝館の金剛力士像は「ダンサー体型」と表現して対比するシーンがあった。プレゼン中のメンバー以外が演壇に現れ、ボディービルやダンスのポーズを実演してみせるという一幕も。これには会場の生徒たちもどっと沸いていたのだった。

*1 ハッシュタグ：特定のキーワードに「#」（ハッシュマーク）を付けてツイッターなどSNSの文章に盛り込むと、そのキーワードは「タグ付け」された状態になる。タグ付けされた

キーワードは「ハッシュタグ」と呼ばれ、同じハッシュタグを含む投稿を瞬時に検索できるなど、興味・関心が近いユーザー同士で話題を共有するために使われている。

＊2ガチ勢：ある物事に全力で取り組んでいる人々を指す言葉。インターネット上で盛んに用いられている。

「旅行代理店の社員」となって企画・取材・制作を経験

中学時代の修学旅行について、どんなことを思い出すだろうか。

私の場合、行き先は今回の麹町中学校の生徒たちと同じく京都・奈良だった。奈良公園では鹿に囲まれて旅行のしおりを破られ、清水の舞台で撮った写真は逆光のせいでほとんど表情が分からないような出来栄えだった。気の合う友人たちとともに過ごす旅行は楽しかったけれど、自分自身がそこから何を学んだかと問われても微妙なところだ。学校へ戻ってからはみんなで旅行記を作った記憶があるが、そういえばあのとき、自分はどんな文章をつづっていたのだろう？

どこの学校にもある、ちょっとしたご褒美のような楽しいイベント。多くの人にと

●ツアー企画取材旅行の流れ

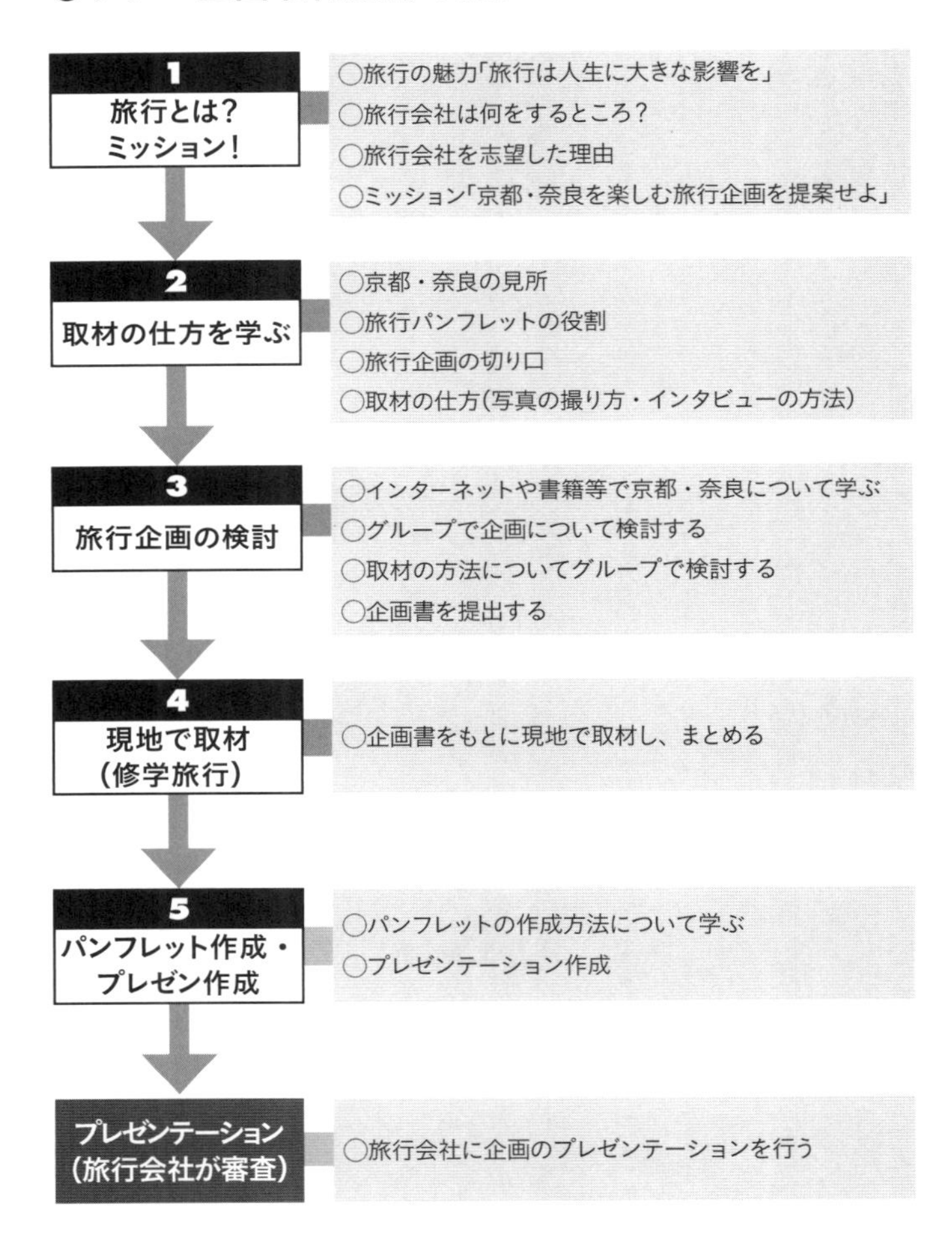

(麹町中パンフレット「進取の気性」から抜粋)

って、修学旅行とはそのような位置づけではないだろうか。しかし麹町中学校においては、修学旅行の持つ意味が根本的に違うのだ。修学旅行からツアー企画取材旅行と名を変えたこのイベントは、生徒が「自律的に考え、企画し、伝える力」を養うため、そして「社会で通用するスキル」を学ぶために存在している。

このイベントに参加する3年生たちは「旅行代理店の社員」という設定だ。2泊3日の旅程に先立ち、生徒たちはクラスで話し合いながらチームを組んで独自の旅行プランを考える。ここで言う旅行プランとは、自分たちのためのものではなく、「誰かに提案するため」のもの。だからターゲットを考えるし、そのターゲットに何を伝えたいかというコンセプトも明確にする。

実際の旅行では、そのコンセプトに沿って決めた場所を巡り、話を聞くべき相手にインタビューしたり、必要な写真を撮ったりする「取材活動」が主となる。学校に戻ってからはそれらの素材をもとに旅行パンフレットを制作し、冒頭で紹介した発表会でのプレゼンに挑むのだ。

一連の活動は、大手旅行代理店の社員がサポートして知識やスキルを伝授する。パンフレットの制作にあたっては「書店で手に取ってもらいやすいタイトルの付け方」まで教わるという。社会で具体的に必要とされる技を身につけながら独自の企画を形にし、最後はプロフェッショナルである大人たちからの評価を受ける。

生徒たちはこの取り組みから何を持ち帰り、どのような学びを得ているのだろうか。

「#和映え」を考案した5人の生徒から話を聞いた。

柔軟に、ユニークに。役割分担をして挑んだ仲良しチーム

「幼なじみだったり、小学校が同じだったり。普段から仲の良いメンバーです」

リーダー役の加藤仁奈（にな）さんをはじめ、鈴木菜月さん、前田頼斗さん、大野由人（ゆうじん）さん、成田謙介さんの5人で組んだチームは、3年生に進級して間もない4月からツアー企画取材旅行の準備を始めた。最初に取り組んだのは、「他のチームとかぶらないコンセプト作り」だ。

「インスタグラムなどを見ていると、日本に来た外国人が旅行の写真をたくさんアップしているんです。『SNSガチ勢の外国人は多そうだね』と話していました」（鈴木さん）

「SNSという切り口は他のチームも出してきそうだけど、『SNS×外国人』なら個性的な企画にできるかも！　と盛り上がっていきました。京都や奈良は日本の伝統文化に触れられる場所がたくさんある。そんな風景がSNSで映えることを、『和映え』という新しい単語を作って表現してみました」（加藤さん）

「外国人旅行客が『#和映え』でどんどんSNSに投稿してくれれば、お金をかけて宣伝しなくても広まりやすいんじゃないかと思

大野由人さん（左）と成田謙介さん（右）。

ったんです」(成田さん)

「他を見ていると、勉強ができる人ばかり集まっているところもあった。そんなチームに負けないよう、自分たちは柔軟に、ユニークにやっていこうという感じでした」(前田さん)

コンセプトが決まってからは、5人の中で自然と役割分担が進んでいったという。加藤さんが企画と全体の進捗をまとめ、パワーポイントが得意な鈴木さんと成田さんが資料制作をメインで担当。「人前で話すことが好き」という前田さんと大野さんはプレゼンの練習に力を入れた。「柔軟に、ユニークに」という方針は、発表会の本番でも大きな効果を発揮したという。

「当日は、他のチームのプレゼンを見てだんだん焦りが出てきました。どこも内容がぎゅっと詰まっていて、ターゲットに刺さりそうなものが多かったから、『自分たちの企画で勝てるかな?』と……」(鈴木さん)

「そんなときに、金剛力士像を紹介するくだりで大野くんがアドリブの演出を考え

てくれました」（加藤さん）
「他のチームに負けたくなくて、ギリギリまでプレゼンの中味を考えていました。出番を待っている間に『ボディービルダーとダンサーの動きを実際にやってみたら面白いんじゃない？』と思いついて、みんなに話したんです」（大野さん）
会場を沸かせたあのパフォーマンスは、なんと直前になって組み込まれたアイデアだったのだという。
「本当に出番の直前でしたね。どのタイミングでやるかを決めて、ぶっつけ本番でやりました」（成田さん）

プレゼン能力や、コミュニケーション能力が高く評価される時代に

ＳＮＳからトレンドを感じ取り、企画を立てる。慣れた手つきでパワーポイントの資料を作る。それぞれの得意領域を生かして準備を進め、直前にアドリブを差し込む柔軟さで自分たちの企画をプレゼンしていく。

加藤仁奈さん（左）と鈴木菜月さん（右）。

こうした大人顔負けのスキルは、1年生の頃から培われてきたものだという。

「いろいろな教科で発表する場があり、自分の意見を考えて述べる機会が多いんです。1年生のときの『上級学校訪問』（現在は訪問先に企業を加えた「ミライ探求フィールドワーク」として実施）というイベントでもプレゼンの機会がありました」（加藤さん）

「2年生では従来のスキー合宿がなくなって、その代わりに、与えられたミッションに対してみんなでアイデアを出し合う『スキルアップ宿泊』というイベントが2泊3日で開かれました。あのときの経験も今回のプレゼンにつながっていますね」（成田さん）

「最初は『こんな修学旅行、嫌だ！』と思っていたんです（笑）。だって修学旅行だから。普通にみんなで楽しく旅行したいと思うじゃないですか。でも、こうした力が身につくと気づいた今は感謝しています」（鈴木さん）

確かにそうだよな、と思う。話をしているとつい忘れがちになってしまうが、みんなはまだ中学生なのだ。ここまであからさまに修学旅行が勉強に結びついていると、文句の一つも口をついて出てくるだろう。

しかし、目の前にいる中学生たちはちょっと違う。

「僕も『普通に修学旅行がしたいなぁ』と思っていたんですが、発表すること、人に伝えることがうまくなった自分を感じて、うれしかったです」（大野さん）

「これからは、ただ勉強ができる人より、人前でプレゼンする能力やコミュニケーション能力が高い人のほうが評価される時代になると思います。そんな力が身についているのは間違いないです。終わってみると、結果的にこの旅行は楽しかったんですよね」（前田さん）

旅行が実施されたのは6月末だ。例年になく早い梅雨明けで、近畿地方は連日、真夏日に迫る猛暑。そんな中で5人は10カ所の観光スポットを巡っている。最終的に旅行企画に盛り込まれた場所以外にも、見に行かなければいけない候補はたくさんあった。

「暑くて、汗でびちょびちょになって、大変でした」（大野さん）

「伏見稲荷大社へ行った帰り、駅までの道に迷っちゃったんです。暑さでみんなイライラしていて、険悪なムードでした（笑）」（加藤さん）

やがて清水寺へ着いた頃には、「もう疲れちゃった組」と「ちゃんと行きたい組」で意見が分かれてしまう。

「男子グループが『清水寺の上まで行くのは嫌だ』と言い出して、仕方がないから女子だけで行ったんですよ。本当は班の中で別行動をするのはNGなのに……。私たちが行っている間、男子たちはスターバックスで優雅に待っていたらしいです。『一緒に来いよ！』って、怒りがこみ上げてきました（笑）」（加藤さん）

「そのスターバックスは、古民家を改装した特別なお店でした。僕たちは僕たちで

『これも和映えじゃん！』って盛り上がっていたんですけど」（成田さん）

「『別行動はＮＧだから早く戻らないと』と焦って、２人で上って、急いで戻って合流しました。ずっと5人で行動していたけど、あの清水寺だけは女子旅みたいで面白かったですね」（鈴木さん）

「確かに、ただ遊びに行くという心の持ち方だと、こんなに思い出にはなっていない気がします。プレゼンがあるからこそいろいろなネタを敏感に仕入れようとしたし、チームの中でも本気になれたし。こんな風に結果を残せて、本当によかったと思います」（加藤さん）

あの日、先生には話せなかった5人だけの特別な思い出。そんな苦労も重ねてたどり着いたのがプレゼン大賞だったのだ。

第３章のまとめ

自律の力を身につけるための取り組みの具体例

①②体育祭、麹中祭（文化祭）を自主運営
③「修学旅行」を見直して、情報収集や
プレゼンテーションなど、社会で通用するスキルを学ぶ場に

①2018年体育祭
オーダーは「自分たちが楽しめるように企画してほしい」

生徒みんなが楽しめるように、種目もルールも
一から考え直す（164ページ）

②2018年麹中祭
ミッションは「観客のみなさんを楽しませる」

演目のレベルの高さはもちろん、準備や運営も観客を
楽しませるために考え抜く（176ページ）

③「ツアー企画取材旅行」
ミッションは「京都・奈良を楽しむ旅行企画を提案せよ」

事前に切り口を決めて企画書を作成。現地取材を行い、
旅行プランを作成。旅行代理店に対し
プレゼンテーションを行う。（190ページ）

気をつけること

「大きな目的だけを共有し、あとは委ねる」
「社会に出たら、何もかも指示されるなんてことはない」

第4章
保護者も、学校を変えられる

親や先生の言うことばかり聞くようなら、危機感を持ったほうがいい

宿題を出さず、定期テストを廃止し、さらに従来の常識だった固定担任制もなくす。工藤校長は次々と急進的な改革方針を打ち出し、一つひとつを形にして実行している。しかしその舞台は公立中学だ。我が子を預ける立場の保護者の中には、「普通の学校ではなくなっていくこと」に対して不安を抱える人もいるのではないだろうか。

現場の先生や生徒の声を聞き、私自身、新たな教育のあり方に共感しながらも、今ひとつ見えてこなかったのが保護者の実際の反応だった。

教育改革の必要性はあちらこちらで叫ばれ、国の政策ベースでも実際に日本の教育

は大きく変わろうとしている。しかし、２０１８年現在、中学生の子を持つ保護者が向き合わなければならないのは従来型の受験制度であり、偏差値であり、そのために「勉強しなさい」と言い続けるしかない日常の葛藤だ。この改革に、もしブレーキがかかるとしたら、その要因は保護者になるのでは？

工藤校長の「最上位の目標」は、保護者へどのように共有されているのか。新たな取り組みに対して、不安の声はあがっていないのか。もしあるとすれば、工藤校長はそうした声をどのように受け止め、何を語っているのか。

私は、こうした疑問の答えにつながる場に同席させていただく機会を得た。

今の子に必要なのは「自由に起業したり、転職したりできる力」

新年度を目前に控えた２０１８年３月のある日。麹町中学校の会議室には続々と保護者が集まっていた。入り口の案内板には「Ｔｈｅ麹中座談会」と書かれている。工藤氏を囲んで自由に議論をするための場として、一昨年度から同校のＰＴＡが企画する自由参加のイベントだ。

会は「麹町中学校の目指すところ」と題した工藤氏のプレゼンテーションから始まる。パワーポイントを活用しながら語りかけるいつものスタイル。だがその言葉は刺激的だった。

「ＡＩ（人工知能）やロボットなどの技術が進展し、経済構造が大きく変わりつつあります。大企業に就職しても安泰とは言えない時代となりました。弁護士や会計士、内科医などの高度な専門職も、いずれはＡＩに取って代わられるかもしれないとも言われています。今の子どもたちに求められるのは『自分の力で起業したり、転職したりできる力』なんです」

しかし学校教育では、相変わらず忍耐や礼節、協調といった「組織の歯車の一部となって働くための力」ばかりが重視されている。これらはもちろん大切だが、優先すべきことが変わってきているという。工藤校長の持論は続く。

「教員はむやみやたらに宿題やドリルを生徒に課します。これは勉強ができる子にとっては無駄でしかなく、できない子にとっては重荷が増えるだけです」

「『他者意識のない作文』を書かせることも問題。作文は一体、誰に向けて書かせているのでしょう？　自分？　担任？　本当は運動会がつまらなかったとしても正直には書かずに、『感動した』とか『素晴らしい』とか、思ってもいないことを綴る生徒もいます。文章は読み手である『他者』を意識してこそ意味を持ちます。そして『伝えたい』という強い思いがあるからこそ、表現力が身につくものだと考えます」

また、「行動」より「心」の教育が重視され過ぎていると工藤氏は指摘する。

「生徒たちがこれから飛び出していく社会では、価値観や宗教が異なる海外の人たちともうまく付き合っていかなければいけません。日本には『心を一つにする』という素敵な言葉がありますが、改めてよく考えてみれば、誰の心も違ってよいのですから、そもそも心は一つにはできないんです。グローバル化が進む現代では、契約書をなかなか履行しないような文化の人ともちゃんと付き合うための『行動』を教えていくことが大切です。日本では、生徒会長に立候補するという良い行動を取っても『あいつは本当はそんな奴じゃない』とか、『内申書の点を稼ぐためにやっているんだ』など、陰で非難されることがあります。良かれと思って行ったボランティア活動でも同じように後ろ指を指されることがあります。良い行動を行う人間を育てるための心の教育であるはずが、行った行動よりも心のほうが重視されてしまっているのでしょう。国際的には行動をストレートに賞賛できることのほうが大事だと私は思います」

人を批判しなくなったら成長の証

「文部科学省は、『主体的で対話的で深い学び』をアクティブラーニングと呼んで推進しています。しかし多くの現場では、『協力すること』が最優先の目的となってしまっています。例えば、班で新聞を作る活動を考えてみましょう。作業中、協力しない生徒がいると『お前も参加しろよ』と非難されます。しかし、せっかく協力して作った新聞も結果的には誰にも読まれないものになってしまうことがあります。そもそも、読み手を想定して作るという目的を忘れてしまっているからです。これからの世の中を生きていけるのは、『そんなの誰も読まないじゃん』と指摘できる生徒。何も考えずに協力する力ではなく、自分自身で『それは必要か不要か』を選択できる力が求められています」

「子どもが親や先生の言うことばかり聞いているようなら、危機感を持ったほうがいいかもしれません。通知表に『素直』と書かれても、私などはほめられたとは思いませんよ」

そんな工藤校長の言葉に、会場からは笑い声も起きた。

工藤校長がそう語るのは、「自律」を麹町中学校の改革の精神として掲げてきたからに他ならない。すべての改革は、自律的に行動できる生徒を育成するために進めてきた。そのためには、関わる大人たちが変わることも欠かせない。

「大人たちが人を批判する姿ばかり見せていると、同じように人を批判することばかりが先行する子どもに育ちます。そんな子は自律のスイッチを押せなくなります。子どもを見てうまくいかないことがあるとすぐに友だちや先生、親のせいにします。子どもを見ていて『人を批判しなくなったな』と感じたら、それは成長の証なんです」
「人のせいにしない生徒」を育てるために、工藤校長は保護者に対しても積極的に学校経営に関わるよう呼びかけている。麹町中学校は生徒・保護者・教職員全員で創る学校だと言い続けてきた。

例えば、同校の制服は「ちょっとダサい」「時代遅れ」と長年不評だった。そうした生徒や保護者の思いも受け止め、工藤校長は「経済性と機能性を重視してほしい」という注文だけ付けて、服装や持ち物などの学校のルールを決める権限をすべてPTAに委譲。「制服等検討委員会」が立ち上がり、保護者や生徒が自律的に制服を決められるようになったのだ。委員会の活動によって、全校生徒と保護者が参加する「制服シンポジウム」も開催された。制服は何のためにあるのか、これからも制服が必要なのか……。そうした議論を経て、2018年11月時点では、「服装自由、ただし標準服も設定する」という方向へ収斂しつつあるという。

保護者が抱く急進的な改革への不安

中学生の子を持つ保護者にとって、特に新たに3年生になる子の保護者にとっては、どうしても避けては通れない話題がある。間近に迫る「高校受験」だ。

大企業や専門職へ進むことだけがキャリアではないと言っても、高校進学はやはり多くの家庭にとって標準的な選択。独自路線を打ち出す麹町中学校で、受験へのフォローが弱まることはないのだろうか。多くの保護者が感じるであろう懸念を念頭に、工藤校長は「もちろん今の受験制度には勝ちにいきます。その上で、生徒たちが世の中に通用するようにしていきます」と語る。

こうして、さまざまな実例や具体策も交えて進められた工藤氏のプレゼンは1時間以上に及んだ。しかし座談会はここからが本番だった。プレゼンだけでは拭いきれない、「急進的な改革への不安」がぶつけられたのだ。

「起業家になるような子どもを育てなければいけないという校長先生の考えは理解

できます。とは言え、うちの子どもがチャレンジしていけるのかという不安もあります」

「優秀な子ばかり引き上げられ、落ちこぼれる子が切り捨てられるようなことにならないでしょうか」

そうした保護者の言葉は、率直で忌憚のないものだった。大切な我が子が、変わり続ける社会の荒波に揉まれるであろう数年後の未来。そこへ向けた危機感は理解できる。しかしここはあくまでも公立中学なのだ。特別な教育方針に賛同して学校を選んだわけではない。少なくとも入学の時点では。

工藤校長は淀みなく、そうした声に答える。

「大きな視点から言えば、学校の教育を変えることは日本の労働生産性を高めることにつながると信じています。自ら『必要なもの』『不要なもの』を判断して選んでいける子どもを育てないと、今の大人たちの社会にはびこる無駄をなくすことはできません。そんな人材でなければこれからの社会で活躍できないだろうという認識は間違っていないと思います」

「もちろん、一人ひとりの生徒へのフォローは決して手を抜きません。固定担任制を廃止したのもそのためです。教員の中には、生徒の困り事を察知することに非常に長けている人間もいます。全員担任制ではすべての生徒にそうした教員の力を活用できる。『うちの子の担任はハズレだった……』と保護者のみなさんが思い悩むこともなくなります」

「固定担任制を廃止すれば、生徒は遠慮なく好きな先生に相談できるようになります。一方で自分から悩みを打ち明けられない生徒には、個別に教員から働きかけます。今でも週1回学年主任の会議を行い、『担任とうまくいっていないと感じる生徒』には他のどの教員がコミュニケーションを図るか決めているんです。この体制をさらに拡充していきます」

完璧な親なんていない

大人も変わらなければいけない。そんな工藤氏のメッセージに触発されてか、子育ての悩みを切々と語る保護者もいた。

親も毎日いきいき過ごしている様子を話してあげたいし、実際の姿でも見せたい。そう思ってはいても、日々の忙しさに呑まれてしまい、子どもと良いコミュニケーションが取れていないと感じることがある。家では「勉強したの？」ばかり言ってしまう自分がいる……。

そんな悩みに対して工藤校長は「完璧な親なんていないいんですよ」と語りかけた。私にはこの場面で、多くの保護者の顔に安堵の表情が浮かんだように見えた。そのメッセージをぜひ紹介したい。

「大人も、自分の行動を変えるのは難しいものです。私には2人の息子がいて、上は31歳、下は27歳になりました。今になってみれば『もっとこうすればよかった』と思うこともあります。子育てはなかなかうまくいかないし、理想通りには進まない。それでも、ときどきは『親としての理念』を思い出すことが大事だと思うんです。

私の場合は妻との間に約束事がありました。私が叱るときは、妻は子どもの視界から消え、後でフォローする。逆の場合も同じです。2人で同時に叱ることはしないと決めていました。子どもたちが小さい頃は、叱り終わった後に『ただ黙って抱きしめる』ということも必ずやっていました。

子どもが中学生くらいの年頃になってくると、親としては『ある程度の距離を置くべき？』と悩むこともあるでしょう。どこかに連れていきたい、誰かに会わせたいと親が思っても、激しく反発される。親に対してあまり面白みを感じなくなる時期というのが、どんな子どもにもあります。

そんな時期の子どもたちを見ていて興味深いことがあります。自律のスイッチが入るタイミングは、ほぼ間違いなく、親以外の誰かがきっかけになっているんです。なにげなく見たテレビの誰かに影響されて生き方を考え始めたり、友だちが勉強し始めるのを見て自分も猛勉強したり、好きな女の子から『もっと勉強すればかっこいいのに』と言われて急に頑張りだしたり（笑）。

だから大人たちは、無理をして子どもの自律のスイッチを押そうともがく必要はないと思うんです。その代わり、子どもたちにとっての良い環境を作ることに注力するべき。もし不安になってふらついたら、子どもたちのために何をすべきか、私たち教員もみなさんと一緒になって徹底的に考えます」

麹町中の「もうひとつの改革」

麹町中学校校長の工藤勇一氏と保護者が活発に意見交換を行う「The麹中座談会」。こうした場を企画しているのは同校のPTAだ。しかし当初から多くの保護者が足を運び、白熱した議論が行われていたわけではない。現在のような姿に至るまでには、工藤氏の進める学校改革に賛同し、保護者自身もPTAのあり方を見直してアクションを続けてきた経緯がある。先に紹介した座談会の後日、２０１７年度のＰＴＡ役員としてその中心にいた当事者からも話を聞くことができた。

就学中の子を持ち、現在進行形で学校と関わっている人の中には、「ＰＴＡ役員になる」ことにネガティブな印象を持つ向きもあるかもしれない。あるいはＰＴＡの存在意義が見えず、「会費を払うことさえばかばかしい」と感じている人もいるのではないだろうか。実際のところ、ＰＴＡという存在そのものが、一般的にあまり良いイメージで語られないのは事実だ。

「僕自身も、当初はＰＴＡのあり方を残念に思うことがありました」

そう話すのは、次男が入学した２０１５年度から3年間にわたり麹町中学校のＰＴＡ会長を務めた木村雅俊氏。

「工藤校長と僕に共通していたのは、『形式張ったことが嫌い』という点でした。だから、目的がよく分からないことを一から見直していったんです。委員会などの集まりでは、お菓子やお茶を用意して配るような仕事は減らしていく。ＰＴＡから保護者

木村雅俊氏。

に向けた書類では、時候のあいさつよりも、大切な『テーマ、日時、場所』を大きく伝えることに主眼を置く。そんなふうに少しずつＰＴＡのあり方を変えていきました」

木村氏の他、３名の副会長が軸となり、「何よりも生徒のために」という思いで活動を展開していったという。最初に行ったのは前述のように「ＰＴＡ活動を軽くすること」だった。煩雑な決まり事に縛られ続けていては、活動に参加する保護者の負担を減らすことはできない。また、単年度ごとに役員が入れ替わることも多いため、しっかりと情報を引き継ぐ必要もあると考えた。

「委員会ごとにPTA活動を円滑に進めるため、単なるマニュアルではなく、『今年はこんなことがあった。来年はこう改善したほうがいい』という、次年度に向けた改善引き継ぎ事項を書面に残すようお願いしたのです」

子どもがやりたいことを尊重してあげるのがいちばん

一連のPTA改革を通じ、工藤校長の改革を知ることで、活動に関わる役員の意識も変わっていった。2017年度から1年生保護者を代表する副会長となった上村実代氏（当時）もその一人だ。

「息子は、自由で風通しの良い校風をとても気に入っています。新しくできた購買局にも参加し、『僕たちが購買部の運営を任されている』とうれしそうに活動しています。私も1年間いろいろな行事を見てきました。演劇会に触れて役者を目指そうとする子がいたり、起業家の講演を聞いてビジネスに興味を持つ子がいたり。学校という場は、将来に向けてさまざまな可能性を見いだせるところだと改めて思うようになりました」

しかし一方で、「もしかしたら、この環境になじみきれない子もいるのではないか」とも感じる。そこで、少しでも悩んでいる生徒がいないか、子どもたちの何気ない会話にも耳を傾けるようにしている。

2年生の娘を持ち、同じく副会長を務める菱沼かや氏は、現在の麹町中学校の教育方針を「子どもたちが『自分の人生は自分のものだ』と考えるきっかけを与えてくれている」と評価する。

「大手企業に就職すれば一生面倒を見てもらえる時代もありました。でも今は『自分』がなければ、どこに行っても、何をしても乗り越えていけない時代です。それを工藤校長が繰り返し語ってくれたおかげで、私自身、子どもに『何がしたい？』と問いかけるようになりました。親としては、大きな一歩を踏み出せた感じがしています」

3年生の娘を持つ副会長の木村由香氏（当時）は、上の子にあたる次男が同校へ通っていた2014年度に工藤氏と出会った。実は以前、高校卒業を控える次男の進路について工藤校長へ相談している。

「親としては大学受験をしてほしいと思っていましたが、本人は小学校の頃から『料理人になりたい』という夢を持っていました。それで、どうしたらよいか工藤校長に相談したんです」

工藤校長から返ってきた答えは明快だった。「親は最後まで子どもの面倒を見てあげられるわけではない。だから、子どもがやりたいことを尊重してあげるのがいちばんですよ」。その言葉でふんぎりがつき、次男が調理専門学校に進むことを応援するようになった。

「子どもがやりたいと思うことを尊重し、背中を押してあげられたのは、PTA役員として工藤校長と接する時間が長かったからだと思います。これは子どもとの関わりだけでなく、PTA活動にも生かされました。工藤校長から教わった考え方を保護者の皆さんに伝えることが私の役目になっていました」

保護者のアクションで学校は変わる

『WEDGE Infinity』の連載で伝える工藤校長の教育改革に対し、子どもの将来を真剣に考える全国の保護者から多くの賛同の声が寄せられた。本書の冒頭で紹介したように、その中には「希望していた私立校の受験に失敗して落ち込んでいたが、公立校でもここまで先進的な取り組みができるのだと知って希望が持てた」というメッセージもあった。

しかし現状の日本の公立中学の多くは、従来の常識に則って動いているところがほとんどだろう。だとすれば、保護者側から学校へ、改革に向けた働きかけをすることも必要ではないだろうか。

私のこの問いかけに対し、木村雅俊氏は、ある「初年度のエピソード」を教えてくれた。

「学校とは不思議な場所で、誰がいつ言い始めたのか分からない『謎の伝統』が機能し続けていることがあります。例えば以前の麹町中学校には、保護者会や面談などの来校時に『保護者は自転車で来てはいけない』というルールがありました。その理由が誰にも分からない。改善してほしいと工藤校長に伝えたところ、『確かにこのルールは意味がなさそうですね。ルールを変えましょう』とすぐに応えてもらえました。また、体育祭が開催されるときは、駐輪で近隣に迷惑をかけないようボランティアを出して注意していましたが、工藤校長と我々で協議し、今年度からは学校裏のスペースを確保してもらえることになりました。

裏を返せばこれは、『誰かが言わなければ何も変わらなかった』ということです。もしそこに工藤校長のような人がいなくて、『決まりは決まりなので変えられません』なんて言われたとしても、僕なりに納得できるまでダメな理由を問い詰めたと思います。保護者が起こすアクションによって、学校はいくらでも変わっていけるのではないでしょうか」

事実、木村氏が関わり始めた1年目には、ＰＴＡの役員でさえ提案や企画を出すシステムがなかった。しかし今では座談会をはじめ、さまざまな企画を発案し、実行している。それは「疑問があれば聞いてみよう」という保護者のアクションがあったからこその改革だった。「学校は生徒と保護者のものだ」と発信し続ける校長の工藤氏は、こうした変化を歓迎し、次のように語る。

「学校はトップダウンだけではほとんど変わりません。教職員はもちろん、生徒も保護者も、学校に関わるすべての人たちが主体者に変わってこそ改革が可能になるのです」

自分の子どものことだけ考えているとつまらない

学校の運営を手伝うだけではなく、自律的に行動するＰＴＡへの変化。実は座談会でもそれを強く感じさせる場面があった。「工藤校長のプレゼン動画をウェブ上で公開し、より積極的に発信してはどうか」と提案した保護者に対し、ＰＴＡ役員はその考えに共感しつつ、「それを実現したいと思うなら、ぜひご自身でアクションを起こしてほしい。そのためにＰＴＡに参加しているのですから」と伝えたのだ。

「いきなり『こうしてほしい』という要望を出すのはハードルが高いかもしれません。そんなときは『どうしてですか？』と聞いてみるだけでもいいと思います。まずは口に出してみること。その一つのアクションが、学校を変えるきっかけになるかもしれません」

取材の終わりに、「ＰＴＡ活動は自分の子どものことだけを考えているとつまらないんですよ」と語った木村氏。後輩たちのためにもなるのが、ＰＴＡの面白いところだという。この学校を巣立った子どもたちが将来どんなふうに活躍するのか。４人には今、そんな楽しみもある。

「ＰＴＡは楽しい」――そう発信し続けてきたこの数年間で、分かりやすい成果も上がっている。麹町中学校のＰＴＡ役員には、次の担い手として「自分もやってみたい」と声を上げる人が増えているそうだ。

子どもに劣等感ばかりを持たせてはいけない

２０１９年現在、麹町中学校には政官財を問わず、ありとあらゆる業界の関係者が足を運び続けている。工藤校長の話を聞き、学校運営の実際を目撃し、生徒たちの変化を知り、それぞれに大きな確信を得て持ち帰っていくのだ。一取材者としてこの場所に何度も足を運ばせてもらっている私自身もその一人だと思う。そう遠くない将来、日本の学校教育のあり方は大きく変わるだろうという確信を持つようになった。

人生１００年時代と言われ、ＡＩが人々の仕事を奪うのではないかと危惧される今。「変化が必要だ」と唱え、大人たちが社会で右往左往しているのを横目に見ながら、学校現場やそこに通う子どもたちは柔軟に、そしてさっさと変わっていくのだろう。麹町中学校は、その遠くない未来の予想図を現実に体現している場所だと思う。

その現実的な変化の波に、大人たちはどこまでついていけるだろうか。

これは私自身、子を持つ一人の親として感じている疑問でもある。不安と言い換えてもいいかもしれない。学校が変わっていく中で、保護者の立場にある私たちは何を重視し（あるいは覚悟し）、子どもたちと向き合っていくべきなのだろう？

「それを考えるときに、まず親が忘れてはいけないことがあると思います。とは言えそれは忘れがちで、というよりも忘れてしまうことなんですが」

謎かけをするように工藤校長は話す。

「子どもが大人になって社会へ出ていくときに必要となる知識やスキル、あるいは働くスタイル、生き方などは、はたして学校で学べるのか？　という視点です」

工藤校長は、アメリカを代表する俳優であり、世界的なスターでもあるトム・クルーズを例に挙げた。トム・クルーズは、文字の読み書き学習が困難な「ディスレクシア」という学習障害があることで知られている。

「彼は読み書きが苦手な代わりに、『聞く・話す』力を伸ばしていきました。それによって自分に自信を持ち、現在の活躍につながっています。重要なのは、子どもに劣等感ばかりを持たせてはいけないということです」

　現実には、特別支援の必要な子どもが学校のテストで点を獲るために、周囲は読み書きをフォローするための手段をあれこれと学校の中で考えてしまう。しかしそれが社会で使えるスキルとなって定着するかというと、必ずしもそうとは言えない。「学校は、中学であろうが高校であろうが通過点に過ぎないんです。なのに、その中だけで完結しようとして手を差し伸べすぎていることも多いと感じています」と工藤校長は指摘する。

　子どもに劣等感を持たせてしまう可能性は、日常の中にも無数に存在していると工藤校長は言う。例えば、親ならばついやってしまいがちな「他の子どもと比較する」という場面だ。「うちの子は人と比べて、コミュニケーション能力が低いんじゃないか」などと思い悩んでしまう。

「この言葉を実際に子どもの前で発してしまうと、『問題化』につながるんです。子どもは『自分はコミュニケーション能力が低いんだ』と思ってしまう。だから、他の子と比べてはいけません。比べるべき対象は、ありのままの現在のその子と、『将来の理想的な状態のその子』です」

他の子と比べると、今の状態を改善したくなる。しかしそれは、必ずしも将来、社会に出た子どもの成功につながるわけではないということだ。下手をすれば子どもの劣等感につながり、自己否定をして、自分自身を嫌いになってしまう可能性もある。

大人も学び続けること

「もう一つは、『スーパーな親』になろうとしないことでしょうね。何もかもできる親になろうとしないこと。とは言え、私自身も偉そうなことは言えないのですが（笑）」

工藤校長は少し照れながら、自身の子育てにまつわるエピソードを明かしてくれた。2人の男の子を育てた父親としての側面もある工藤校長。「事件」は、下の子が幼稚園に通っていた頃に起きたのだという。「幼稚園に行きたくない！」とむずかり、不登園のような状態になってしまったのだ。

「自分で言うのも照れくさいのですが、私の妻はとても温かくて、誰に対しても優しく対応する人です。下の子はその姿を見て、『誰にでも温かく、優しくするべきなんだ』と信じて育ったのでしょう。幼稚園に行きたくないと言い出したのは、自分と合わなくて嫌いな子がいたことが原因でした。『誰にでも優しくしなきゃ』と思っているから、そうできない自分に苛立ってしまい、幼稚園に行きたくないと言ったんです。

私が何となくそれに気づいたのは、息子と一緒に風呂に入っていたときでした。『お父さんね、僕、嫌いな子がいるんだよ』と言うんですよ。

私は驚きながらも、幼稚園に行きたくないと言った理由が分かりました。それで、『お母さんも嫌いな人がいるんだよ』と教えてあげたんです。息子は『そうなの？』と驚いていましたね」

それから工藤校長は、ある絵本を見せながら話をしたという。絵本作家の五味太郎氏による『じょうぶな頭とかしこい体になるために』（ブロンズ新社）という本だ。

「大人だって嫌いな人はいるんだよ。でも、意地悪はしないし、会えばちゃんとあいさつもする」

『じょうぶな頭とかしこい体になるために』に書かれている内容には、工藤校長の考えと符合する部分もあったという。「学校で『仲良いことは良いこと、仲悪いことは悪いこと』などと教えているうちは、嫌いな人がいるということを受け止められなくなる」という趣旨のメッセージだ。「感覚や趣味の差が仲の悪さの要因だから、その差を考えることは自分のことを考えるきっかけにもなる」とも記されていた。

「私はこの一件で、子どもから教えられた気がするんです。妻は温かくて優しい人だけど、それが『問題』を作ることもあるんですよね」

麹町中学校のある日の全体朝礼で、工藤校長はこの体験に基づくメッセージを生徒へ贈った。

みんなに言いたいことは一つだけ。
人間は、人を差別したり、嫌がらせをしたりする心を
完全に消し去ることはできないかもしれない。
しかし、意識すれば、『そうしないこと』は誰でもできる！

意識すれば誰でもできるんだけど、
『意識する』ということはとても難しい。

なぜかというと、相手にとって
何が差別になっているのか、
何が嫌がらせになっているのかを
知らなければならないから。

僕は30歳になって、あるいは40歳や50歳になって知ったこともある。
相手にとって何が差別になり、何が嫌がらせになるのか。
それを知るためには知識がいる。

だから大人でも学び続けている。
大人も完成形じゃないんだよ。
どんな大人になりたいか、ぜひみんなも考えてほしい。

「簡単に『思いやりの心を持ちなさい』というけど、そんなことできるわけがないんです。でも良い行動は取るべき。私の息子に伝えたのも同じで、『心は人を嫌ってしまうかもしれない。でも行動は変えられる』ということです。『嫌いなものは嫌いだ』と思うことは大事なことだし、否定してはいけません。一般的に親は『友だちが嫌いだなんて言っちゃダメ』と教えますよね。でも子どもはそのうち気づくんです。

『親は嘘つきだ』と」

親はつい子どもに「友だちが嫌いだなんて言っちゃダメ」と言ってしまう生き物なのかもしれない。また、子どもが約束を破れば「なんで約束を守れないの」と叱り、嘘をつけば「どうして嘘をついたの」と責める。そうした物事の一つひとつは、いかにも道理が通っているように思える。しかし、当の子どもにははたしてどんな風に伝わっているのだろう？

「親がしっかり叱るべきなのは、人が社会で生きていく上で絶対にしてはならないことです。すなわち、自他の命や人権に関わること、盗みや破壊など犯罪になること、そして人を差別したり、嫌がらせをしたりという『行動』についてです。

私はこのことを考えるときに、いつも中国の偉大な思想家・孔子の言葉を意識するんですよ。

子の曰(のたま)わく、吾(われ)十有五にして学に志す。

三十にして立つ。
四十にして惑わず。
五十にして天命を知る。
六十にして耳順う。
七十にして心の欲する所に従って矩を踰えず。

（現代語訳）

先生がいわれた、『私は15歳で学問に志し、
30になって独立した立場を持ち、
40になってあれこれと迷わず、
50になって天命をわきまえ、
60になって人のことばがすなおに聞かれ、
70歳になると思うままにふるまってそれで道をはずれないようになった』

（『論語』岩波文庫　金谷 治訳注）

あの孔子でさえ、70歳までは自分の心に自信が持てなかった。意識して良い行動をしてきたということです。70歳になってようやく、ありのままに生きても良い行動ができるようになった。すごい教えだと思いませんか？　私たちも『良い行動』を常に意識し続けなければならないということだし、子どもたちにもずっと伝え続けていかなければならないと考えています」

「学びの機会」を奪わないために

親は、何かにつけて「子どものためにはかくあるべき」と思い込み、世話を焼いてしまうもの。しかしそれが結果的に子どもの学びの機会を奪ってしまうことにもつながるという。その事実に向き合うためのヒントとして、もう一つ、工藤校長が語ってくれた保護者対象の「授業」を紹介したい。

公園の砂場で、幼稚園児の女の子と男の子が遊んでいるとします。近くのベンチには、それぞれのお母さんが座って様子を見守っています。女の子は、自宅から持ってきたおもちゃのシャベルとバケツを使っています。

男の子が女の子に向かって「シャベルとバケツを貸して」と言いました。しかし女の子は「嫌だ」と拒否します。その様子を見て、女の子のお母さんは「そんなことを言わずに貸してあげなさいよ」とたしなめました。女の子は渋々ながら、シャベルとバケツを男の子に貸します。男の子は無言でそれを受け取り、遊び始めました。すると男の子のお母さんは「『ありがとう』をちゃんと言いなさい」と諭します。

どこにでもある、ほのぼのとした一場面ではないでしょうか。「自分が親の立場なら同じように言うだろうな」と感じる人も多いでしょう。しかし、実はこの場面の前段には、親が思いもしないストーリーがあるのです。

実は女の子は、以前にも男の子にシャベルとバケツを貸してあげたことがありました。男の子はそれを使って遊ぶのに夢中で、とうとう公園を出るまで、シャベルとバケツを返してくれなかったのです。先ほどの場面で女の子が「嫌だ」と拒否したのは、なかなか返してくれなかったことを覚えていたからでした。

改めて、この場面に親が介在しなかったらどうなっていたかを想像してみましょう。男の子が女の子に「シャベルとバケツを貸して」と言います。すると女の子は「嫌だ」と拒否します。「どうして?」と尋ねる男の子に、女の子は「だって、貸したら返してくれないから」と答えます。

男の子は、それを聞いて葛藤するでしょう。そして、遊ぶのに夢中でシャベルとバケツをなかなか返さなかった自分の行動が、相手にとって「嫌な行為」だったと知るのです。その上で男の子は「今度はちゃんと返すから、貸してよ」と、再び交渉するかもしれません。子どもたちはこうして、社会というものを学んでいくのです。

子どもたちの間に生じた小さなトラブルの種を見て、親はついよかれと思って介入してしまう。しかしそれは、子どもの学びの機会を奪っている可能性がある。「トラブルから考える」という機会を奪い、自律の術を失わせてしまうのだ。そんなことが日常にあふれていると工藤校長は語る。

「そんな風に偉そうなことを言っている私も、子育ての当事者としては同じようなものでしたが（笑）。親はどうしても、『～すべきだ！』という子育てのフレームを作ってしまうのだと思います。人には優しくすべきだ、人には貸してあげなきゃいけない……。それはもちろん大切なことなのですが、より重要なのは『子どもが自律的にそれに気づけるか』ということなんです」

誰もが子ども時代を経て大人になる。その過程では、さまざまなことに葛藤を覚え、傷つき、ときには深く沈み込みながらも次のステップへ進んでいく。自分の頭で考え、行動して得た結果は、良くも悪くも「学び」「経験」として自身の財産になっていくものだ。しかし私たちは、親になると同時にそうした自らのプロセスを忘れてしまうものなのかもしれない。子どもが歩いていく先に何が待っているのか。何となく予測できるから、何となく制止してしまうこともある。それが「かすり傷」程度の危険であっても。

「うちの息子がまだ1つか2つの、歩き始めたばかりの頃。道で思いきり転んでも、私はできるだけ慌てず、駆け寄ることもしないようにしていました。そして、自力で立ち上がった息子に満面の笑顔を見せてやるんです。親が慌てると、子どもは泣きます。トラブルがあったときに親が慌てると、子どもは『一大事だ』と感じてしまうから。面白いもので、転んでも親がどっしりと構えていれば、子どもは泣きません」

工藤校長は笑顔でそう結んだ。

第４章のまとめ

麹町中の改革は、保護者にはどのように受け止められているのか？

- 「The麹中座談会」などを通じて、校長と保護者が自由に論議する（209ページ）
- 人のせいにしない生徒を育てるために、保護者も積極的に学校運営にかかわるように呼びかけ（214ページ）

PTA活動のあり方の改革

- 決まり事を減らし、ＰＴＡ活動自体を軽くする（222ページ）
- 保護者から学校にアクションを起こす（226ページ）

変化する社会に、子どもは、そして大人たちはついていけるのだろうか？

- 子どもに劣等感ばかり持たせてはいけない（230ページ）
- 子どもの学びの機会を奪わない（240ページ）

気をつけること

完璧な親なんていない。
大人も学び続けている！

おわりに（工藤勇一）

著者の多田さんと初めてお会いしてから約1年半が経った。当初、WEDGE Infinityの連載がこんなに長期間にわたって続くとは思っていなかったし、そして、それらが1冊の本にまとまるなどとは、考えもしなかった。

当然、こんなにも全国のさまざまな方々からの反響があることなど、想像できなかったが、取材を受ける際、私は、ある意味覚悟をして臨もうとしていた。引き受ける条件として、多田さんにいくつか注文をつけた。今では私の教育観や麴町中学校の教育方針をもっとも理解する人物の一人だが、恐らく多少厳しい口調で、こんな内容を伝えたと思う。

「麴町中の取組みをＷｅｂ上に公開するのであれば、正しくしっかりと伝えていきたいと思っています。本気で日本中の学校が変わるきっかけになりたいし、生徒たちや保護者、教員たちを元気づけていきたいと考えている。それを本気で共にやってくれるのであれば、取材の協力をしたいと思います。だから、一つお願いがあるのです。決してこれまでの既存の教育を批判的に書かないでほしいのです。教育を変えていくのに敵など誰もいないのです。事実、麹町中の取組みは、私を含めた全教職員が自分自身を見直していった取り組みだからです」

正直に言えば、私自身の中では既存の教育に対して批判的な自分が確かにいる。子ども時代に受けた理不尽な教育は、思い出すだけで気分が悪くなることもあった。

しかし、改めて教師という私自身を見つめ直したとき、私が否定してきた教師たちと、どれだけ違っているのだろうか。未熟だった私をいくらでも思い出すことができるし、今なお、かつての生徒に対して、謝罪したい気持ちになることだってある。

既存の教育を否定し、組織や誰かを批判してばかりいては、教育改革など進まない。私も含め、程度の差こそあれ同じ穴のムジナに過ぎないからだ。

麹町中の最上位の目標は「世の中まんざらでもない、大人って結構素敵だ」と一人ひとりの生徒たちが、そう感じることができるようにすることである。

世の中をみれば、矛盾や不条理なことなど山ほどあるし、課題は山積だ。しかし、子どもたちが、こうした負の部分だけに目を奪われ、怒りを誰かにぶつけ、不幸な気持ちでいっぱいになるような大人になってしまっては、学校教育に存在意義などないと私は思う。

自分が生きていく社会を肯定的にみることができずに、そして人間の可能性を信じることもできずに、自律した大人に成長できるはずがないし、よりよい未来などできるわけがない。

このことは、私自身が常に自らに問いかけている。

自分自身に染み付いてしまった「当たり前」を削ぎ落としていくことは、とても大変な作業だ。「修行」のようなものでもある。自分が通り抜けてきた道を否定することは、誰にとっても難しいからだ。自らが成功体験と感じてきたことであれば、なおさらである。あの人との出会いがあったから、あの経験があったから、今の自分がいる。多かれ少なかれ、みんなそう思っていることがある。もちろん私だってそうだ。時にはそれさえも否定する必要があるのだ。

麹町中はまだまだ発展途上だ。授業はいたって普通。いまだ一斉授業スタイルが主体だ。

授業中に寝ている生徒だっているし、時には教室を飛び出す生徒だっている。教室の机が整頓されていないこともあるし、廊下を歩けばゴミが落ちていることだって、流しの雑巾がだらしなく散らかっていることだってある。

今ではほとんど無くなってはきたが、保護者からは「教員の指導が校長の教育方針と違っているんじゃないですか？」という批判をもらうことだってある。

最近では、毎週、50人から100人の視察の方々が全国からいらっしゃるようになったが「なんだ、大したことない学校だね」

そう言いたくなる人だってきっといるだろう。

でも、皆さんには、「学校教育は子どもが社会でよりよく生きていくためにある」という本質的な教育の目的の実現に向けて、行ってきた改善のプロセスに注目してほしい。

決してトップダウンの学校ではない。校長である私は、最初の一石を投じた存在に過ぎない。

教職員はもちろんのこと、生徒・保護者こそが、学校運営の当事者だ。

一つひとつ課題を見つけ出し、それを改善するために、全員が当事者となって話し合う。当然、考え方は違っていい。対立だって当たり前だ。

「みんな違っていい」そして、「どの一人も大切にする」相反するこの2つの命題を念頭におき、最上位目標の実現に向けて、粘り強く対話をすれば、必ず合意できる。そんな経験を麹町中の多くの生徒、教職員、保護者が実感できるようになってきた。

学校が変われば、日本社会は必ず変わる。それを変えるのは「どこかの誰か」じゃない。「ここにいる自分自身」だ。

終わりに、麹町中を常に真剣に取材し続け、時には生徒とともに笑い、時には涙してくれ、今ではすっかり麹町中の職員のようになった多田さんに心から感謝です。

多田慎介（ただ・しんすけ）

ライター。1983年石川県金沢市生まれ。大学中退後に求人広告代理店へアルバイト入社し、転職サイトなどを扱う法人営業職や営業マネジャー職を経験。編集プロダクション勤務を経て、2015年からフリーランスとして活動。個人の働き方やキャリア形成、企業の採用コンテンツ、マーケティング手法などをテーマに取材・執筆を重ねている。

工藤勇一（くどう・ゆういち）

千代田区立麹町中学校校長。1960年山形県鶴岡市生まれ。東京理科大学理学部応用数学科卒。山形県・東京都の公立中学校教諭、新宿区教育委員会指導課長などを経て、2014年4月から現職。現在は安倍首相の私的諮問機関である「教育再生実行会議」の委員をはじめ、経産省「EdTech委員」、産官学の有志が集う「教育長・校長プラットフォーム」発起人など多数の公職についている。著書に『学校の「当たり前」をやめた。――生徒も教師も変わる！　公立名門中学校長の改革――』（時事通信社）がある。

「目的思考」で学びが変わる

千代田区立麹町中学校長・
工藤勇一の挑戦

2019年3月31日　第2刷発行

著　者　多田慎介
発行者　江尻 良
発行所　株式会社ウェッジ
〒101-0052
東京都千代田区神田小川町1-3-1
NBF小川町ビルディング
電話　編集03（5280）0526
営業03（5280）0528
振替　00160-2-410636
http://www.wedge.co.jp/
印刷・製本所　図書印刷株式会社
装　幀　岡本デザイン室（岡本洋平）

ISBN 978-4-86310-213-2　C0037
定価はカバーに表示してあります。
乱丁・落丁本は小社にてお取り替えします。

ウェッジの教育関連書籍

親も子もハッピーになる最強の子育て

小川大介 著／定価:1400円＋税

3歳から誰でもできる、子どもの自立を促すメソッドを満載

世界一子どもを育てやすい国にしよう

出口治明・駒崎弘樹 著／定価:1200円＋税

少子化や待機児童、育休など、子育ての諸問題を2人が縦横に語る

子どもが幸せになる学校

横浜サイエンスフロンティア高校の挑戦

菅 聖子 著／定価:857円＋税

日本初の「理数科専門」公立高校の、成り立ちと挑戦の秘話

ほんものの思考力を育てる教室

YSFHのサイエンスリテラシー

横浜市立横浜サイエンスフロンティア高等学校 著　菅 聖子 編／定価1300円＋税

「自分の頭で考え、行動する」子を育てる、YSFCの名物授業を初公開

いま、子どもたちに伝えたいこと

原田隆史 著／定価:1400円＋税

「生活指導の神様」と呼ばれた著者が、「子どもを育てること」を語りつくす

こうして彼らは不登校から翔びたった

子どもを包む、3つの言葉

比嘉 昇 著／定価:1400円＋税

「信じる、待つ、愛する」ことで子どもに自信を取り戻させた、魂の記録